ファッションはシネマで

文・イラスト
松畑由香子

第1章　愛されファッションはシネマで

第2章 On & Off ファッションはシネマで

第3章

ファッションテクニックはシネマで

第4章 My ファッションはシネマで

番外編

「憧れ」を原動力にして

こんな風に綺麗になりたい。
こんな風に幸せになりたい。

絵本を読んでは、アニメを見ては、そのヒロインの装いや生き方に憧れる。小さい頃から女の子は憧れの塊。憧れをガソリンに大きくなる、と言っても過言ではないでしょう。そんな女子にガソリンを注入してくれる最たるものの一つが「映画」。古くから映画館は女子の「ガソリンスタンド」、映画館を出る頃には女子のアクセルは全開です。そして、この『プラダを着た悪魔』も、世界中のガス欠寸前の女子達のガソリンを満タンにしました。

現代を懸命に生きるNY女子のリアルライフとファッションが存分に楽しめるこの作品。ですが、なんといって

も圧巻なのは、冴えない見た目だったアンディがオシャレに変身した後の通勤シーン！　毎朝、完璧なコーディネートに身を包み、オフィスに向かってＮＹの街を闊歩する姿の素敵なことと言ったらありません。

私もアンディのように綺麗になりたい！

幸せになりたい！

映画を見終わった女子達は押しなべてこう思ったことでしょう。しかし、ひとたび映画館を出ればそこには、いつもの街並みといつもの自分。そう、残念ながら、映画館はガソリンを注入してくれるだけ。ドラえもんのどこでもドアのように、一瞬で世界を変えてはくれないのです。はて、これからどうしたものか――残された道は２つ。

映画は映画と割り切って憧れを封印し、元の生活に戻るか。それとも、憧れを叶えるために一歩踏み出すか。

プラダを着た悪魔

優秀な成績で大学を卒業し、新聞社等でジャーナリストになるべくＮＹにやって来たアンディ。しかし、ひょんなことで、お門違いのファッション誌編集長のアシスタントになった。１年間勤めあげればどんな雑誌社でも使ってもらえると聞いた彼女は、ファッションディレクター・ナイジェルらの助けを得ながら、厳しい上司の無理難題もこなしていたが、そのうち私生活が疎かになり、恋人や友人との仲が壊れ始めて…。

（2006年　アン・ハサウェイ as アンディ）

憧れは女子の原動力ですから、1つ目の道を選ぶことはすなわち、自ら成長をストップさせることを意味します。では、2つ目の道を選んだらどうなるでしょう？　もしかしたら、アンディと同じ服を探しても見つからないかもしれません。けれど、少なくとも、トライしなかったという後悔は味わわずに済みます。もしかしたら、アンディのような服を着てもすぐに変化は起こらないかもしれません。けれど、憧れを捨ててしまっては、永遠に変身できる日は訪れないのです。

こうすれば綺麗になれるのよ。
こうすれば幸せになれるのよ。

劇中、ヒロインは、装いや人生を生きるヒントを発してくれています。ですから、それを頼りに行動すれば、きっとヒロインのようになれる。そう信じて、一歩踏み出してみませんか？

あなたの人生に奇跡を起こせるのは、あなたしかいないのですから。

第1章 愛されファッションはシネマで

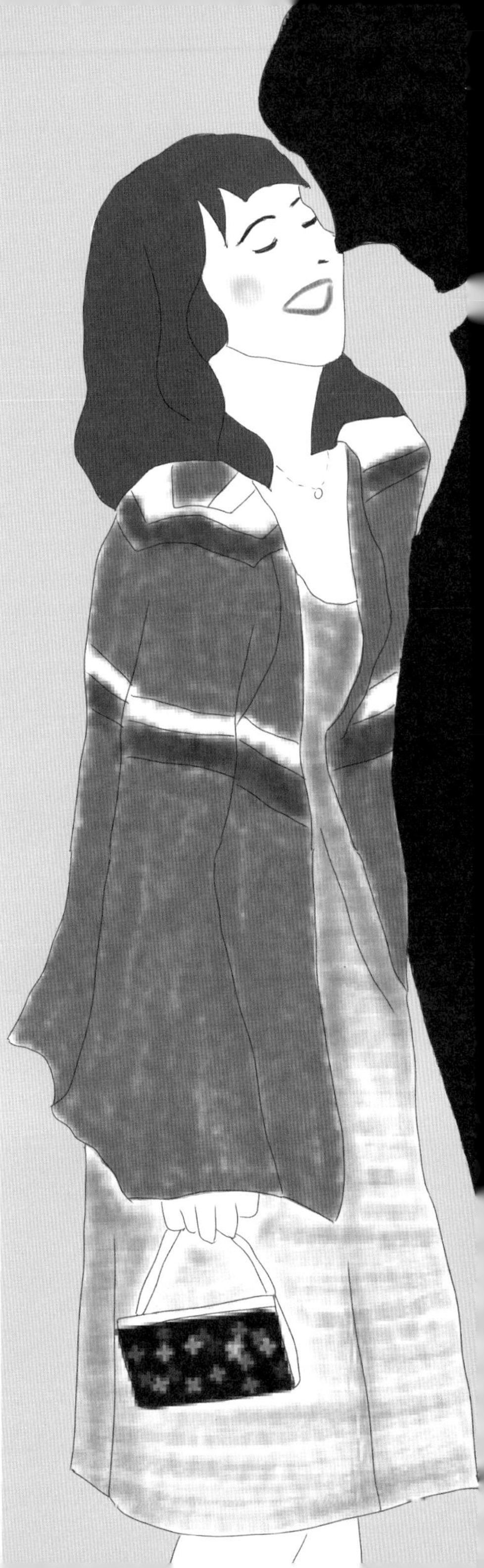

「Bright red」を制する者は男心を制する！

どんな色にも、ポジティブなイメージとネガティブなイメージがあります。この点、「Bright red（真っ赤）」は、女子が身に着けると「きつい」、「ケバい」と思われるなど、日本では比較的ネガティブなイメージを持たれる色。そのため、道路標識さながら、意中の彼に「ＳＴＯＰ！」サインを出してしまうのを恐れ、身に着けるのをためらう方も多いのではないでしょうか。しかし、この作品のヒロイン・メアリー（レイチェル・マクアダムス）がティムに出したサインは、まったく逆の「ＧＯ！」サインでした。

メイク

真っ赤な頬と唇がキュートなメアリー。リップもチークも、色と輪郭がふんわりナチュラルなため、ケバさはなく温かな印象です。また、赤い顔をして無表情ですと、怒っているようにみえますが、メアリーは終始満面の笑みです。こんな彼女を見て、日頃疲れた顔に囲まれて働いているだろうティムは、人間らしくイキイキとした気持ちを呼び覚ましたに違いありません。だからこそティムは、女性の顔のパーツで男性が褒めることの多い「瞳」だけでなく、「顔の他の部分」も褒めずにはいられなかったのでしょう。

ファッション～日常～

普段から「赤」を身に着けることの多いメアリー。初めてティムに出会った時のイデタチは、真っ赤なハートがところどころ混じったガーリーなワンピースに、短めの真っ赤なネイル。日常着において、Bright red は、少量取り入れることで、装いを一気にビビッドにするという非常に良い働きをします。ですから、もしメアリーのワンピースにハート柄がなかったり、彼女の爪が素爪だったなら、ティムはメアリーに、キュートでイキイキとした好印象を抱かず、連絡先を尋ねることもなかったかもしれません。そして逆に、もし彼女のワンピースがハート柄だらけだったり、爪が長く伸ばされていたら、ティムはドン引きだったのではないでしょうか。

朝、ティムと一緒に出勤するメアリー。そのイデタチは、ダークカラーの

ジャケットとパンツに真っ赤なＴストラップパンプス。靴がBright redというだけで、それを目にする方も、眠気はどこへやら、イキイキと明るい気分になります。また、Ｔストラップパンプスは、１９２０年代には既に登場していた非常にレトロなデザインの靴だからでしょうか。Bright redであっても、ひねりのきいたデザインのピンヒールのようなモードな靴と違ってきつい印象がなく、どこか懐かしいぬくもりが感じられます。

ティムに誘われディナーを共にしたメアリー。その際、彼女が羽織っていたのは、Bright redを基調としたカーディガン。１９５０年代後半に流行したアイビールックを彷彿とさせるレトロな配色が、Ｔストラップパンプス同様のあたたかさを感じさせます。また、太毛糸で編まれ、ゆるく広がった袖も着丈も長めのカーディガンのため、細毛糸で編まれたタイトなショートカーディガンより、リラックスした愛らしさが感じられ、Bright redを基調としていても全くケバい印象はありません。

連絡先を聞くのってダメかな？

いいえ。…私が好きなの？
流行遅れの服でも？

その服も大好き！

ファッション〜イベント〜

めでたくティムと結ばれ、結婚式の教会のドアが開いて登場したメアリー。その衣装はなんと、ウェディングドレスもヴェールもすべてBright red！お色直しで着るカラードレスならまだしも、真っ赤なウェディングドレスというのは、開いた口が塞がらないというのが正直なところ。しかし、当のティムは、ドン引きどころか、ＢＧＭに合わせてノリノリで踊り出す始末。参列者もみんな笑顔です。日常着では少なめにとどめた方が良い働きをするBright redも、ハッピーイベントでは大量注入ＯＫ！その明るいパワーで、ただでさえ高揚している彼の気分はたちまち最高潮に達するはずです。

とはいえ、やはりデザインには注意が必要。全身Bright redにするとしても、メアリーのこのドレスのように、上半身の面積は少な目にした方がインパクトが抑えられて良いでしょう。また、袖にフリルがあしらわれていたり、全体にふんわりしたシルエットにするなど、オーソドックスでフェミニンなデザインにすると、Bright redのきつさが弱まり、気になる彼ママ受けもなんなくクリア出来るでしょう。

いかがでしたか？

きつい、ケバいというネガティブな印象を持たれがちなBright redも、メイクはふんわり、日常着には少量、イベント時は多めに、レトロかわいいデザインで取り入れれば、あたたかでイキイキとした印象を与えることができ、意中の彼は、あなたから遠ざかるどころかどんどん引き寄せられるはず。

しかも、Bright redには、目にすると心拍数が上がり、目の前の相手に恋していると錯覚してしまう「吊り橋効果」や、身に着けた女性の男性から見た魅力が3割増しになるという調査結果もあるようですから、これはもう味方に付けるしかないですね！

そうと決まれば、早速Bright redアイテムを身に着けて出掛けませんか？
ただし、赤いチークは、照れて赤面するほど素敵な彼が現れた時に備え、ちょっぴり薄めにして。

アバウト・タイム～愛おしい時間について～

弁護士のティムは、21歳の誕生日に父親からタイムトラベル能力があると告げられ、その能力を使いこなすようになる。ある日ティムは、チャーミングなメアリーに心を奪われるが、タイムトラベルで生じたアクシデントで、彼女との出会いがなかったことになり…。

（2013年　レイチェル・マクアダムス as メアリー）

東京タワー

「後ろ姿」を美しく

あなたは日頃、自分の「後ろ姿」、どのくらい意識していますか？ 恐らく、正面の半分ほども意識していないのではないでしょうか？ しかし実は、正面より意外と見られているのが「後ろ姿」。しかも、他人からは、正面より見易いので、じっと見られていることも多い気がします。この作品の透も、ヒロイン・詩史（黒木瞳）の「後ろ姿」を見つめ続けていました。

二人が初めて出会った時、詩史は背中の大きく開いた美しいドレスを着て、透に背を向けソファに座っていました。その「後ろ姿」をじっと見つめる透。すると、次の瞬間、詩史は透の方にゆっくりと振り返ります。

詩史の夫主催のパーティーで、夫にエスコートされる詩史の「後ろ姿」を見つめる透。ジップアップラインがくっきり見える背中にフィットしたタイトドレスが詩史の「後ろ姿」を浮き立たせます。けれど、いくら見つめても詩史は振り返らず、自棄酒をあおる透でした。

詩史の別荘で手料理を振舞う彼女を後ろから抱きすくめる透。自分に構ってもらいたがる子供のようです。真っ白いワンピースの詩史の「後ろ姿」は飾り気がなく、透は、普段より近付きやすさを感じたようです。

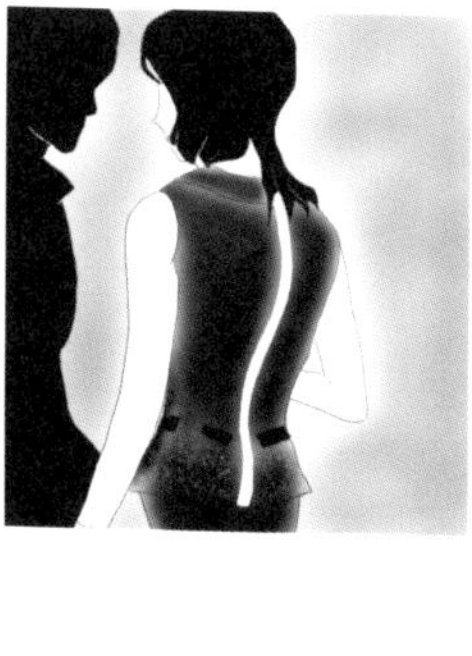

クラシックコンサートの後、突然の大雪に見舞われた二人。心配そうに外を見る詩史の「後ろ姿」を見つめる透。コートに包まれた不安げな小さな背中。このまま帰したくない…そんな思いが募り、透は詩史の手を握ります。月日は流れ、パリに留学した透を追いかけて来たものの、会えずに引き返す詩史。その淋しげな「後ろ姿」を見つけ、必死に呼び掛ける透。すると、詩史が驚いて振り返ります。

いかがでしたか?

何かを物語る美しい「後ろ姿」は、見る者の「振り向かせたい」という欲求を募らせます。そしてそれは、透の、詩史を振り向かせたい、という強い思いに通じます。透は、詩史が振り返った時ではなく、その美しい「後ろ姿」を見た瞬間に恋に落ち、その後も彼女の「後ろ姿」を見つめ続け、そこで感じ取った「何か」を手掛かりに、彼女を振り向かせることだけを考えて行動していたのです。2人の恋は、詩史の「後ろ姿」によって紡ぎ出されていたと言っても過言ではないでしょう。

さあ、今この瞬間にも、あなたの「後ろ姿」を誰かが見つめているかもしれません！　素敵な恋を始めたいなら、まずは美しい「後ろ姿」、演出してみませんか?

とりあえず、振り向いた後のことはおいておいて…。

東京タワー

青山でセレクトショップを経営する41歳の詩史。CMプランナーの夫との間に子供はなく、裕福に暮らしていた。彼女は、3年前、店に来訪した友人の高校3年生の息子・透と一瞬で恋に落ち、今も関係を続けていた。しかし、やがて、詩史の夫や透の母親の知るところになって…。

(2004年　黒木瞳 as 詩史)

ビューティフル・マインド

「愛され続け女子」になるためには

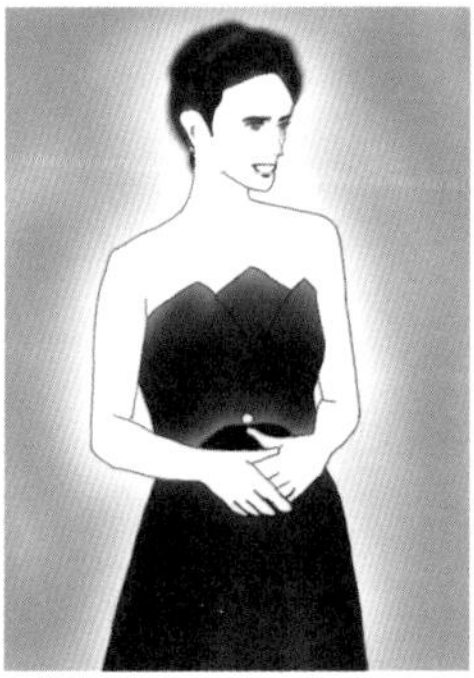

女性誌で目にする「愛され女子」になるためのファッション特集。けれど、それはあくまでも、職場や学校で、男性から一時的な人気を獲得するためのもの。女に生まれたからには、やはり、意中の人を射止め、生涯その人にとって最愛の人でありたいですよね。

では、どうしたらそんな「愛され続け女子」になれるのでしょう？ ヒントは、この作品のヒロイン・アリシア（ジェニファー・コネリー）の装いに隠されていました。

——結婚前——

野心、誘惑、策略——ジョンを射止めるまでのアリシアの装いは、そんなキーワードが浮かぶものでした。

大学の講師室でジョンを食事に誘うアリシア。女らしいフィット&フレアの明るいワンピースにナチュラルメイクで。女学生らしい清楚な雰囲気が漂います。

ゴージャスなパーティーでジョンとの初デート。真っ赤なリップ、大胆にデコルテを出したドレス。髪はきっちり纏められ、うなじも露わに。この日ジョンは、昼間とは違う高貴な彼女の美しさにノックアウトでした。

川辺でのデート。肌の露出こそ多めですが、夜の装いとは対照的に、フレッシュな魅力がほとばしります。

キャンドルライトがロマンチックなレストランでのディナーデート。赤を基調とした刺激的な装いで、昼間とはうって変わり、妖艶な魅力を放っています。そしてこの時、ジョンは臆せず彼女にプロポーズしたのでした。

―― 結婚後 ――

家での彼女の装いは常に、リラックスしていながらもきちんと感のある女性らしいものでした。

一方、仕事等で外出する際は、ドレッシーかつ洗練された装い。

そして、ジョンのノーベル賞受賞式へ。彼女はすでにかなり高齢になっていましたが、ゴージャスなチャイナドレスを見事に着こなしていました。

いかがでしたか？

ファッションは、男性の気を引く、周囲の注目を集めるなど、「他者」のためのものであると同時に、自分を楽しませる、気分を上げるなど、「自分」

のためのものでもあります。前者を主たる目的とする女性は、「他者」に見られていないとファッションに無関心になり、ファッショナブルとは程遠くなっていきます。一方、後者も目的とする女性は、「自分」を大切にして高めようとするので、「他者」に見られていなくともファッショナブルであり続けます。そして、そんな女性の方が、男性の目にも魅力的に映る気がします。

アリシアも、結婚前は主にジョンという「他者」のために装っていたようです。しかし、結婚後は、ジョンが精神疾患で彼女のことなど見えていない時も、美しく装い続けていました。

つまり彼女は、どんな時も「自分」を捨てず美しくあろうと、「自分」のために装い続けていたのであり、そんな彼女だからこそ、ジョンに生涯愛され続けたのではないでしょうか。

意中の人の「愛され続け女子」になるには、まず「自分」を愛し続けること。忘れないようにしたいものです。

ビューティフル・マインド

1947年、アメリカ・ニュージャージー州のプリンストン大学大学院数学科に入学したジョンは、その奇妙な言動から変人扱いされながらも、研究に没頭していた。その後、プリンストン大学の講師となったジョンは、彼の授業を受講していたアリシアと恋に落ち結婚をするが、ある日、ジョンが重度の精神疾患であることが判明して…。

（2001年　ジェニファー・コネリー as アリシア）

恋が始まる「シフォン」の服

男性社会への進出等に伴い、強さと逞しさを要求されることの多い現代女性。本当は女らしいところがあるのに、周囲の男性になかなかそう思ってもらえない…。そんな時、力を貸してくれるのがファッションです。やはり、女らしい印象を持ってもらうには、女らしいファッションに身を包むのが一番！

とは言え、フリルやレースが過度に施された女らしい「デザイン」の服は苦手…。そんな時は、「デザイン」と共に服を作っている「布地」を女らしいものにチェンジ！

例えば、「シフォン」なんていか

がでしょう？

シフォンとは、主に女性用のブラウス、スカーフ、ヴェールに用いられる、柔らかくごく薄い絹織物のこと。締め付けることなく、着る人の体に柔らかく寄り添う様は、女性の穏やかな優しさを想起させます。また、ともすると破れてしまいそうな薄さや、風が吹く度に左右に揺れ動く様は、女性の弱さやしおらしさを想起させます。そして、その薄さ故の透け感は、男性から求められたいという女性の心の奥に秘めた思いを想起させます。

このように、シフォンは、女性の様々な特性を周囲に想起させ、身に着けた女性に女らしい印象を与えるのです。

そんなシフォンを、作品中ほとんどの場面で纏っていたのが、ヒロイン・リル（ナオミ・ワッツ）でした。

オフタイムは主に、リラックスムードのシフォンドレスで。オンタイムは、ジャケットやタイトスカートといった堅いアイテムに、シフォンのトップスを合わせて。リルの装いはいずれもさっぱりとしたデザインですが、シ

フォンの布地のせいで、常に女らしい雰囲気が漂います。
もしリルが、シフォンでなく綿のTシャツばかり着ていたら、トムとの恋は始まっていたでしょうか？
答えは「ノー」という気がします。
リルがシフォンを纏っていたからこそ、彼女の中の優しさ、弱さ、しおらしさ、男性に求められたいという思いが引き立てられ、それらを感じ取ったトムが彼女に引き寄せられたのではないでしょうか。

いかがでしたか？
女性なら誰しも、生まれながらにして持っている女らしさ。この特性が周囲に伝わらないのでは、始まるはずの恋も始まりませんね。ですから、時にはシフォンを纏って、強く逞しい自分をスイッチOFF！
女らしさ、アピールしてはいかがでしょうか？

美しい絵の崩壊

働きながら一人息子のイアンと暮らす未亡人のリルは、幼馴染のロズと、彼女の一人息子でイアンの親友のトムと海辺の生活を楽しんでいた。ある日リルは、イアンがロズと一線を越えた事を知り、当て付けに同じ事をしようと迫って来たトムを受け入れてしまい…。

（2013年　ナオミ・ワッツ as リル）

「ノースリーブ」で男を上手に落とす方法

夏のお出掛けデートって、「ノースリーブ」が着たくなりませんか？　涼しくて動き易いだけでなく、普段見せない肩や鎖骨、胸元を彼に披露してドキドキさせたり…。しかし、デザインによってはランジェリーさえ連想させてしまうことなどから、二の足を踏んでしまうのも事実。かと言って、ランニングウェアのような「ノースリーブ」は、いささかセクシーさに欠ける気が…。

では、どうしたら、お出掛けデートで、上手に「ノースリーブ」を着こなせるのでしょうか？　ここは一つ、この作品に登場する最強の「ノースリーブ」女子・アンディ（ケイト・ハドソン）に、お知恵を拝借するとしましょう。

アンディのデート時の装いは、もっぱら「ノースリーブ」でした。

1. 友人も交えたデートには白地にキュートな柄のキャミソールドレス、2. セラピーデートにはピンクの襟付きノースリーブトップス、3. ベンの実家を訪ねた際は真っ白なベアトップ、4. イブニングパーティーではレモンイエローのノースリーブドレスを

身に着けていました。

彼女の「ノースリーブ」の形はどれもセクシーなものばかり。しかし、彼女の印象は、程良くセクシーというだけで、ランジェリーのようないやらしさはありません。

その理由は恐らく、長い髪を下ろしたり、ボトムスの丈を長めにして、肌の露出のバランスをとっていること、明るく爽やかな色柄であること、フリルやレース等のないさっぱりしたデザインであること、にあると思われます。

一方、5.バイクデートでは白いタンクトップにジーンズで。この時の彼女の「ノースリーブ」の形は、セクシーとは対極の「ヘルシー」。しかし、それでも彼女からは、ほんのりセクシーさが感じられます。

その理由は恐らく、女らしいウェーブヘアにしていること、スリムジーンズで、脚のラインをアピールしていること、にあると思われます。

以上の彼女の「ノースリーブ」スタイルを総合すると、ある1つのキーワードが浮かび上がります。それは「ハイブリッド」です。

「ハイブリッド」とは、主に両者の長所を利用する目的で、異質な2つの要素を組み合わせて作られた1つの物のこと。エンジンとモーターという2つの動力源を持つハイブリッド・カー、クロナッツ（クロワッサン＋ドーナッツ）をはじめとするハイブリッド・スイーツなど、「ハイブリッド」は、タイプの異なる2つの物の良いとこ取り、という欲張り感で、常に人気を集めています。

そして、アンディのデート服は、言うなれば、セクシーさとヘルシーさを兼ね備えたハイブリッド・スタイル。すなわち、彼女は、「ノースリーブ」の形がセクシーな時は、ヘルシーな色柄や装い方とすることでセクシーさを薄め、逆に、「ノースリーブ」の形がヘルシーな時は、セクシーに装うことでヘルシーさを薄め、装いの中に、セクシーさとヘルシーさを絶妙なバランスで共存させていたのです。

いかがでしたか？

セクシーさとヘルシーさ。普通の男子なら、どちらかだけでも十分満足するのでしょう。しかし、ベンのような色男は、女子に対する要求が相当高いはずです。こうした男心を、抜け目のないアンディはちゃっかり心得ていたのでしょう。

『セクシーだけ、ヘルシーだけの装いより、どちらも兼ね備えた装いの方が、ベンの欲張りな要求を満たせるに違いない。』

そう考えた彼女は、セクシーさとヘルシーさを融合した最強のデート服であるハイブリッド・スタイルで、見事、ベンを落とすことに成功したのでした。

世の男子の女子に対する要求は一筋縄ではいきません。そんな男心を掴むハイブリッド・スタイルを叶える「ノースリーブ」。これはもう、お出掛けデート服に取り入れない手はありませんね。

さあ、あなたはこの夏、どんな「ノースリーブ」で彼を攻略しますか？

10日間で男を上手にフル方法

アンディは女性誌の編集者。政治経済の記者を夢見ていたが、実際の担当はHOW TOもののコラム。彼女は、「10日間で男を上手にフル方法」という記事を企画し、色男・ベンに恋愛でタブーとされる事を次々に行って10日間で愛想を尽かせようとするが…。

（2003年　ケイト・ハドソン as アンディ）

サガン　悲しみよこんにちは

男女双方を魅了する装いとは

当然ですが、この世は男性と女性で出来ています。よって、男女双方に好感を持たれた方が、お得に生きられると言えます。しかし、性別を問わず単に好かれる程度の女子であれば至る所に存在しますから、お得感は低め。けれど、男女双方の心をすっかりひきつけて虜にしてしまう程の女子は、そういません。ですから、どうせならこのレベルを目指したいものです。

才能や財力等、内面の特異性が必要であることは言うまでもありませんが、特に女性の場合、これに付加価値を与えるのがファッションセンス。では、どんなファッションなら男女双方を魅了できるのでしょう？その答えはやはり、実際にこのレベルに達した女子から学ぶのが一番！という訳で、今回は、この作品のヒロイン・サガン（シルビー・テステュー）の装いを分析してみましょう。

サガンは、言わずと知れたフランスを代表する女流作家であり、男女双方に多くの友人や恋人を持った女性としても知られています。また、彼女はファッションセンスにも定評があり、現在も多くのブランドや雑誌が

パンツスタイルのサガン

スカートスタイルのサガン

彼女をファッションアイコンとして取り上げています。そんなサガンの装いを忠実に再現したとされるこの作品において、彼女の装いには3つの特徴があります。

1、女らしい装い（スカートスタイル）と男っぽい装い（パンツスタイル）の両方を着こなす。

異性からも同性からも好感を持たれるためには、女らしい装いだけ、男っぽい装いだけしていてはNG。サガンの場合、フォーマルな場ではスカートスタイル（主にリトルブラックドレス）、インフォーマルな場ではパンツスタイル（主にシャツ＋パンツ）というように装い分けをし、どちらも素敵に着こなしていました。

2、常に、装いの中に「女らしさ」と「男っぽさ」を同居させている。

女らしい装いはとことん女らしく、男っぽい装いは

バレエシューズと細ベルトの腕時計

とことん男らしく着こなすのも良いですが、それでは、常に男女から好感を持たれることはありません。この点、サガンは、スカートスタイルは少し男っぽく、パンツスタイルは少し女らしく装うことで、常に、男女双方の魅力が同居する装いをしていました。

彼女の装いの要素を「女らしさ」と「男っぽさ」に分類すると、次のとおりとなります。

女らしさ

- 女らしいデザイン
  膝丈タイトスカート、ビジュー、リボン、レース
- 女らしいカラー
  水色などのベーシックカラー以外の色
- シルクなどのしなやかな素材
- 女らしい着こなし
  開襟、袖とパンツ裾のロールアップ、ウエストマーク、女らしい小物（細ベルトの腕時計、ブレスレット、ネックレス、プチスカーフ、ハイヒール、バレエシューズ、小ぶりなバッグ）を合わせる

男っぽさ

- マニッシュなデザイン
  シンプル、太めのフルレングスパンツ、襟付ボタンシャツ
- 黒、白、ベージュ、茶などのベーシックカラー
- 木綿など硬めの素材
- 男っぽい着こなし
  トップスのパンツアウト、ナチュラルなヘアメイク

ネックレスと細ベルトの腕時計

タイトドレスにハイヒール

例えば、彼女のナイトクラブでのスカートスタイルは、レースとリボンの付いたしなやかなタイトドレスにハイヒール、幾つかのアクセサリーを纏い、かなり女らしいスタイル。ですが、ドレスもアクセサリーもシンプルで、ヘアメイクも至ってナチュラルなため、ともすると甘ったるくなりがちな女らしさが薄まり、マニッシュな香りも漂います。

一方、パンツスタイルは、デザイン・カラー・素材・着こなし、全てにおいてマニッシュな装い。ですが、常に開襟して細い首元を見せ、袖とパンツの裾をロールアップして華奢な手首と足首を出し、そこにネックレスやプチスカーフといった女らしい小物を1つは着けているため、随所に女っぽさがのぞく装いとなっています。

プチスカーフと細ベルトの腕時計

3、常に、装いの中にハイジュエリーやブランドの名品が組み込まれている。

「*ヴァンドーム広場でベルナールに腕時計を。…大金が入ったの。家計より人生が大事よ。」（*高級宝飾店が立ち並ぶパリの広場）

この発言からも分かるように、買い物では金に糸目をつけないサガン。そのため、彼女の装いには常に、庶民の手の届かない高級品が組み込まれていました。例えば、カジノで賭け事に興じている時は、ゴージャスなパールの4連ネックレスと2連ブレスレット。自宅で片付けなどしている時は、美しい石のネックレスにゴールドのチェーンブレスレット。そして、恋人と旅行に出掛ける時は、ケリーバッグと思しきものを身に着けていました。

ここで注目すべきは、高級品が「常に組み込まれている」という点です。すなわち、庶民ならば、たとえハイジュエリーを持っていたとしても、全く身に着けないか、着けるとしてもパーティーなど特別な場面だけでしょう。それはやはり、勿体ないとか、汚損や紛失を恐れるからです。しかしサガンは、パーティーはもちろん、自宅で過ごす時でさえも、常に高級品を身に着けていました。

そう、この「高級品の普段使い」こそが、周囲の羨望を集め、魅了した所以と言えます。ですが、一方で、このような装いは嫉妬や反感を買うこともしばしば。この点、サガンは、これ見よがしに一度に大量に着けたり、ブランドのロゴを強調した品を着けたりせず、非常にさりげないため、周囲は素直に彼女の財力とセンスを認めたのではないでしょうか。

いかがでしたか？

特徴3については、なかなか実現が難しいかもしれません。しかし、これこそが、性別を問わず単に好かれる女子と男女双方を魅了する女子との分かれ目。ですから、ボーナスを奮発して手に入れるも良し、家族から受け継いだジュエリーを身に着けるも良し、とにかく常に1つは身に着けてみませんか？ 最初は恐る恐るでもそのうち慣れるでしょうし、身の丈に合っていないと感じても、そのうち「もっと高級でもいいかな。」なんていう女性に成長しているかもしれません。

ただし、くれぐれもお買い物は、サガンのように破産しないようご注意を！

サガン　悲しみよこんにちは

処女作『悲しみよこんにちは』が大ヒットし18歳で莫大な富を得たサガンは、執筆を続ける傍らカジノやパーティー三昧の日々を送っていた。その後、2度の離婚、女性デザイナーとの恋、薬物への依存等を経験し、浪費癖から破産寸前の生活を送るようになり…。

（2008年　シルビー・テステューasサガン）

魔性の「ガーリーファッション」

吸い込まれそうに大きな瞳のヒロイン・サマー（ズーイー・デシャネル）。こんな目で見つめられたら、トムばかりか、男子なら誰しも運命を感じてしまいますね。

しかも、彼女の装いは、清楚でキュートでちょっぴりセクシーな「ガーリーファッション」のオンパレード！ この可愛さの連射攻撃には、女の私も完全にハートを撃ち抜かれました！

リボン

上／会議でボスから同僚に紹介されたサマー。髪、襟元、ベルトにリボンをあしらい、普通のパンツスタイルが一気にガーリー！ブルー＆ホワイトの配色も爽やかです。下／カラオケで歌うサマー。パンツ＋ベストのメンズライクなファッションも、髪と胸元のリボンで一気に可愛く！

デニム

上／このデニムワンピースも可愛かった！通常、トップスをインするか上着を羽織るサロペットワンピースを1枚で着るというのは、なかなか勇気のいる高度な着こなし。けれど、それを着こなしてしまうのは、自由奔放で華奢なボディーのサマーだからこそ。左／トムと職場でおしゃべりをするサマー。丈は長め、形はタイトめ、色は濃いめ、そしてノンダメージ。こんなデニムスカートにシンプルなシャツを合わせたスタイルなら、オフィスでもOKですね。パフスリーブもさりげなくガーリー！

ワンピース

右下／トムとインテリアショップでデート中のサマー。レースワンピースは襟付きで、ボタンは首元まできちんと閉めて、グッドガールな装い！左上／結婚式に参列したサマー。薄紫色のオーガンジードレスで遠くから歩いてくるサマーを見て、トムは心の中で“You are so beautiful!”と叫んだことでしょう。パステルカラー×ふんわりシルエットで最強のガーリーワンピースに。左下／トムを部屋に招いた時のサマー。映画ではチラッとしか映りませんでしたが、ジャンパースカートに、白シャツをインしたスクールガール風の着こなしが可愛かった！左ページ／自分がホストのホームパーティーでのサマー。花柄のホルターネックワンピースで爽やかに目立って。

いかがでしたか？

職場恋愛というスリリングな設定、トムとサマーの５００日を行ったり来たりする構成など、この映画には、最後まで観客を飽きさせない要素がたくさんあります。ですが、やはり、サマーがたくさんお着替えをしてくれたのが一番！

毎日可愛く着替えて、彼の心を惹きつけてやまない女子になりたいものですね。

（５００）日のサマー

舞台はＬＡ．建築家を目指しながらもグリーティングカード会社でライターとして働くトムは、ある日、ボスのアシスタントとしてやって来たサマーに一目惚れ。トムは彼女を「運命の恋人」と信じ、徐々にアプローチ、ようやく両想いになれたと思ったが……。

（2009年　ズーイー・デシャネル as サマー）

甘ふわの一歩先へ！「マシュマロ女子」に必要なのは

近年話題の「マシュマロ女子」ってご存知ですか？

某女性誌による造語で、ぽっちゃり柔らかそうな白い肌の、ふわふわモコモコした甘い服装をしている女子を指すそうです。

いかにも女の子、という感じでとても可愛らしいのですが、甘い装いは、ともすると、中身もふわふわと浮ついて見えてしまいがち。そこで注目したいのが、本作の登場人物の中の「マシュマロ女子」、スカイラー（ドリュー・バリモア）のファッション。彼女は、ちょっとした工夫で装いの甘さを控え目にし、前述の欠点を見事にクリアしています。

パステルピンクの服

マシュマロ女子の定番色とも言えるパステルピンク。この日は、パステルピンクのふわふわカ　ディガン。色も素材も「これぞマシュマロ女子」というアイテムです。しかし、その他のアイテムは全て、抑えた色とオーソドックスなデザインにしているため、決して浮ついた印象は受けません。

赤色の服

赤いチェックパンツに赤い靴。ともすると幼い印象になりがちな組み合わせです。しかし、抑えた色のシンプルなアンサンブルにパールネックレス、パンツはテーラードタイプ、靴はローファーを合わせているため、むしろ大人びた印象になっています。

赤いカーディガンに赤い靴。スカイラーの色白の肌によく映えて、少女のような愛らしさです。そこに、白の襟付きワンピースとパールネックレスが合わさると、一気に清楚で上品な印象に。赤い靴もローファーをチョイスしているので、落ち着いた足元になっています。

リボン

甘い物好きのマシュマロ女子の大好物、「リボン」。スカイラーの場合、リボンを装いに取り入れる際は、「黒」をチョイスしたり、サイズを小ぶりにしたりしているため、程良く甘いアクセントになっています。

いかがでしたか？

スカイラー的マシュマロ女子ファッションのポイントは、オーソドックスなアイテムを投入したり、装いの色やデザインを抑えたりして、ふわふわ感に「落ち着き」を加えているところ。こうすることで、可愛らしさと品の良さを備えた理想的な装いとなっています。

一方、スカイラーの実生活はと言うと…。装いだけでなく、行動にも「落ち着き」、加えたいものですね。

世界中がアイ・ラヴ・ユー

弁護士のボブはマンハッタンで家族と裕福に暮らしていたが、恋に夢中な娘たちに手を焼いていた。中でも長女・スカイラーは、ボブの部下で非の打ちどころのない婚約者がいるにもかかわらず、保釈中の凶悪犯と付き合い始めてしまい…。

（1996年　ドリュー・バリモア as スカイラー）

第2章

On & Off ファッションはシネマで

「シャツワンピース」は大人女子を救う！

恋に仕事に習い事、子育てに家事……とにかく忙しい最近の大人女子。そんな女子にとり、トップスとボトムスのコーディネートを考える必要がない上、着るだけできちんと感が出せるワンピースは、オンタイムのワードローブにぜひ取り入れたいアイテム。けれど、「可愛らしい」、「デート服」といったイメージが強いため、職場に着ていくことをためらう方も少なからずいらっしゃるはず。

そこでオススメしたいのが「シャツワンピース」。この作品のヒロイン・テイノー（ジュリア・ロバーツ）が良いお手本です。

――選び方――

(1) 襟は角襟にすべし
丸襟は子供っぽくなりますので避けましょう。

(2) スカートの形で印象を調節すべし
タイトならセクシーに、フレアなら優しい雰囲気になります。

(3) スカートは膝丈にすべし
これより長くても短くても、大人女子には相応しくありません。

大人女子のオンタイムに相応しい
「シャツワンピース」の選び方と着こなし

―― 着こなし ――

(1)襟元のボタンは少し外すべし
ボタンを全て留めると子供っぽくなり、外しすぎるとオンタイムの装いに相応しくなくなります。

(2)ベルトでウエストマークすべし
ウエストマークをしないとだらしない印象になってしまいます。

(3)胸元より手元のお洒落をすべし
シャツワンピースをメインに据えた装いは、シンプルなだけに少々お洒落感に欠けて見えます。そんな時活躍するのがアクセサリー。特に、ブレスレットを重ね付けしてみると、シャツワンピースのすっきりした縦のラインを邪魔することもなく効果的です。

ただ、すっきりとした大人っぽい胸元を演出するには、ネックレスはしなくても良いでしょう。

(4)ハイヒールを履くべし
ワンピース姿で周囲の視線を集めるのは何と言っても足元。ハイヒールを履いたスラッと美しい足元で、シャツワンピース姿を綺麗に仕上げて！

いかがでしたか？

夫婦生活が破綻し酒浸りだったテイノーには、およそ美しく装う気力など無かったと思われます。しかし、それでも彼女は、日々教壇で生徒の前に立たなくてはならず、きちんと装う必要がありました。そんな彼女の強い味方だったのが「シャツワンピース」でした。

各ポイントを押さえるだけで、「可愛らしい」、「デート服」ではなく「かっこいい」、「仕事服」になってしまう「シャツワンピース」。テイノーはほぼ毎日「シャツワンピース」でしたが、このアイテムのお陰で、教壇に立つ彼女は、とても酒浸りの教師とは思えぬ美しさでした。

前の晩に恋人と喧嘩して気分最悪、前日夜遅くまで残業して睡眠不足……大人女子の毎日は山あり谷あり。辛い朝もあります。
そんな日のためにも「シャツワンピース」を一枚、ご用意あれ！

幸せの教室

うだつの上がらない夫に手を焼き、酒浸りの大学教師、メルセデス・テイノー。そんな彼女のクラスに、大卒ではないという理由で長年勤めていたスーパーを突然解雇され、再就職するために入学したラリーがやって来る。授業への情熱をすっかり失っていたテイノーだったが、前向きなラリーと出会い、次第に心境が変化して……。

（2011年　ジュリア・ロバーツ as テイノー）

トップガン

通勤は「攻め」の装いで

職場でのセクハラ問題が取り沙汰される昨今、働く女子の仕事服はどちらかというと「守り」に入りがちですよね。

この作品のヒロイン・チャーリー（ケリー・マクギリス）の職場も血気盛んな男性ばかり。にもかかわらず、彼女の装いはむしろ「攻め」でした。

彼女は、職業上、装いにどうしても男性的なアイテムを取り入れなくてはなりませんでした。そこで彼女は、この状況を逆手にとり、「自分を見る男性の視線は、男性的なアイテム以外の箇所にいくはずだ」と考え、さりげなくその箇所に女らしさをたっぷりと盛ったのです。

チャーリー初登壇の日。ダークなスーツに、ハイヒールとシームストッキング！　パイロット達の視線は彼女のセクシーな足元に釘付けになりました。

スポーティーなポロシャツを着る際は、パンツではなくボディラインが際立つタイトスカートを合わせます。

パイロット用ブルゾンを着る際は、腕まくりをして華奢な手首をアピール！　そして、ボトムスは思いっ切りボディコンシャスなタイトスカートで。

マニッシュなキャップを被る際は、髪を中にしまい、うなじを露わに。少し残した後れ毛と耳元にあしらったピアスでさらに色香をプラス！

このように、彼女は、明らかに男性の視線を意識した「攻め」の装いをしています。しかし、男性達は、セクハラをするどころか彼女に敬意を払っているかのようです。
それは何故でしょう？
彼女がとった戦略、それは、攻撃は最大の防御なり
——自分が相手より優位な時は、守りを固めた上で攻

撃することこそが最善策 —— でした。

彼女は、自身の知性とキャリアが周囲の男性より勝っていると判断し、教官という立場・プライド・品性といったもので守りを固めた上で「攻め」の装いをし、男性につけ入る隙を与えなかったのです。

実際彼女は、男性達の反応を教壇から眺めて楽しんでいるかのようでしたし、その余裕たっぷりの様子はまるで、戦いの勝者のようでした。

いかがでしたか？

人生、守ってばかりでは楽しくないですよね。

装いも同じこと。

さあ、あなたも、知性とキャリアを身に付けて、男社会にハイヒールの足音を高らかに響かせてみませんか？

トップガン

アメリカ海軍航空基地にある戦闘機パイロット養成訓練学校・通称トップガンで、世界最高峰のパイロット達を教えることになった宇宙航空物理学の新任教官・チャーリー。彼女は、士官クラブで、若く野心的なパイロット・マーヴェリックに口説かれる。彼女が教官と知ってからも強引なアプローチを仕掛けてくるマーヴェリックに、彼女は惹かれていくが……。

（1986年　ケリー・マクギリス as チャーリー）

「エレガントヒロインスタイル」で旅するヨーロッパ

毎年夏が近付くと、今年はどこへ旅行に行こうかな、とワクワクしませんか？ 行き先にヨーロッパを選ぶ方も多いと思います。ヨーロッパと言えば、どこを切り取っても絵になる街のオンパレード！ 歩いているだけで、ロマンチックな気分になれますよね。出来ることなら、自分もその絵に溶け込みたいものです。

しかし、アジア人というだけでも浮いてしまうのに、「ロングパンツ＋Tシャツ、スニーカー、リュック」という観光客丸出しの装いに加え、「長手袋、日傘」という気候対策アイテムは現代のヨーロッパでは馴染みが薄いはず。やはり、機能的なだけでなく、美しい街に溶け込む装いを目指したいものです。

この点、大変参考になるのが、この作品のヒロイン・ジェーン（キャサリン・ヘップバーン）の、ロングフレアワンピースをメインにした「エレガントヒロインスタイル」です。

ロングパンツ＋Ｔシャツはロングフレアワンピースにチェンジ！

ひとたび纏えば誰しもエレガントヒロインになれる服と言えばズバリ、ロングフレアワンピース。ワンピースなんてドレッシー過ぎて旅行に向かないのでは、と思われるかもしれません。しかし、何と言ってもワンピースの利点は、コーデを考える時間を省けるところ。出がけにあれこれ悩んで、貴重な旅の一日を無駄にすることもありません。それに、ロングフレアなら歩き易く、ＵＶカット、下半身カバーにもなりますし、長ズボンより風通しが良く快適です。そして、長袖なら、暑い時は腕まくりをし、肌寒くなったら戻せばいいですし、ジェーンのように襟付きワンピースの襟を立てれば、さりげないＵＶ＆クーラー対策になるだけでなく、「知的見え」するオマケ付きです。また、基本的に、夏服は薄く、数も少なくて済むので、滞在日数分用意して、その日の気分で身に着ければ、長旅も日々新鮮な気持ちで過ごせますね。

自分のミスでレナートと過ごせず落ち込んでいた日の翌日、ジェーンは真っ白なワンピースをチョイス！気分をリセットしたかったに違いありません。

さらに、昼用のみならず夜用のワンピースも用意すれば、ヨーロッパ旅行の上級者！　なぜなら、大半のヨーロッパの女性は、旅に必ずイブニングドレスを持参するそうだからです。けれど、日本にはこのような文化がないため、良いものが入手出来ないかもしれません。そんな場合は、現地調達するのも手！　きっと日本より品数が豊富なはずですし、とかく旅先では、現地の女性が魅力的に見え、彼女達の装いを真似したくなるものです。レナートとのディナーに備え、現地調達したイブニングドレスを纏ったジェーン。周囲から「イタリア女のようですね！」と言われ、ご満悦でした。エスコートしてくれる男性がいれば、ジェーンのように大胆なデザインに挑戦する良い機会になりそうです。

続いて、ロングフレアワンピースを彩る小物類を見ていきましょう。

リュックはショルダーバッグにチェンジ！

リュックは、物がたくさん入り、両手も自由になるので、旅行に最適なのですが、エレガントとは言い難いアイテム。その点、ショルダーバッグなら、リュック同様、両手が自由になるだけでなく、リュックより物が取り出し易かったり、バッグ上部にストールを掛けておけたりと機能的な上、エレガントなデザインを選べばロングフレアワンピースとの相性もバッチリです。

長手袋はレースのショートグローブにチェンジ！

最近、日焼け防止のために、半袖の服に長手袋を装着する女性をよく目にします。たしかに機能的ですが、ヨーロッパでは馴染みが薄いですし、やはりエレガントとは言い難いですよね。

その点、ジェーンのように、五分袖くらいのロングフレアワンピースにレースのショートグローブなら、エレガントに、しかもさりげなくＵＶカット出来そうです。

スニーカーはローヒール、フラットサンダルにチェンジ！

ワンピースにスニーカー、という外しコーデも人気ですが、やはりヨーロッパでは、ロングフレアワンピースにパンプスかサンダルという王道の「エレガントヒロインスタイル」で臨みたいところ。石畳の多いヨーロッパの道では、さすがにハイヒールは大変ですが、ローヒールなら、洒落たカフェでの一休みを楽しみにしながら軽やかに歩けるはず！

日傘は帽子、サングラスにチェンジ！

日傘も、長手袋同様、ヨーロッパでは馴染みの薄いアイテム。なので、日傘に替えて、エレガントな帽子を被ることをオススメします。帽子を被れば、UVカットするだけでなく、アジア人特有の髪の色がほぼ隠れ、一層ヨーロッパの街並みに溶け込めるはず。また、ジェーンが、ロングフレアワンピースの色と、髪に付けたリボンの色をカラーコーディネートしていたように、帽子のリボンの色とコーディネートすれば、お洒落度アップ間違いなしです。

帽子と共にオススメなのが、ヨーロッパ人の必須アイテム・サングラス。サングラスを掛ければ、気分はヨーロッパ人！ジェーンのように、強い日

そう言えば、ジェーンの場合、真っ「白」い歯も、とびきりの小物として一役買っていました。

差しだけでなく、レナートのような色男からの熱視線も和らげることが出来るでしょう。

ロングフレアワンピースに前記の小物類を合わせれば、いよいよ「エレガントヒロインスタイル」の完成ですが、最後にジェーンが行ったとっておきのテクニックがあります。

それは、ほとんどの小物類を「白」に統一したことです。

小物類を、他でもない「白」に統一すると、・どんな服にも合わせられる・どんな国でも無難に受け入れられる・街の風景を邪魔しない・虫除け、UVカット効果が高いことが証明されている・身に着けると爽やかな気分になれる・比較的、小物類の種類が豊富（パール、シェル等）・装いを華やかにする……といったメリットがあります。

いかがでしたか？

「エレガントヒロインスタイル」が、あなたのヨーロッパ旅行を素敵なものにすることを願って——Have a nice trip!

旅情

素敵な男性とのアバンチュールを密かな旅の目的に、一人アメリカから初のヨーロッパ旅行にやって来たオールドミスのジェーン。彼女は、ベニスのカフェで出会ったイタリア人紳士のレナートと惹かれ合い、楽しいひと時を過ごすようになるが……。

（1955年　キャサリン・ヘップバーン as ジェーン）

ホリデイ

ウィンター・バカンス・ファッション

ウィンターバカンスの装いと言えばズバリこの作品！

夏と違い、冬は身に着けるアイテムの数も重さも大きくなります。そのため、バカンスの荷造りでは、着たい服より、着回し出来る服、軽い素材の服を出来る限り少量持参しようとします。その結果、折角のバカンス中も、平素の生活同様、寝間着→外出着→寝間着の繰り返しで、同じコートやニットを着た自分の変わり映えのしない写真ばかりが残りがちです。

この点、イギリスに到着したヒロイン・アマンダ（キャメロン・ディアス）を御覧ください！　彼女の横には巨大なスーツケースが2つ！　その中身はと言うと……

コート

上／犬の散歩には、カジュアルなダッフルコートで軽快に！左上／ムートンコートも彼女のお気に入り。アイボリーのマフラーを合わせて淡いトーンで揃えれば、品の良いデート服に。ダウンコートほどカジュアル過ぎず、ファーコートほどゴージャス過ぎないので、使い勝手の良いアイテムです。左下／夜の恋人宅訪問には、上品なドレスコートをチョイス。ウエストシェイプされたロング丈のシルエットがドレッシーです。

ニット

上／日中は、淡い色の軽めのニットを。

左上／夜は、深い色の重いニットを。胸元深くまでゆったりと垂れ下がったオフタートルでセクシーに。

シャツ

左中／ランチタイムは白いシャツで爽やかに。左下／ディナータイムは黒いシャツでシックに。

いかがでしたか？

バカンス――　それは、気になる上司の評価も、追い立てられる締切もなく、誰もが自分の描いたドラマのヒロインになれる時間。

旅の目的地やスケジュール（ドラマの筋書き）が決まったら、立寄るスポットごと（場面ごと）に服装を準備。そして、旅先でそれらを身に着ければ、どの写真にも、そのシーンに美しく溶け込んだあなたの姿が写っているはず。場面ごとに装いを変えれば、その場面を「演じる」気持ちが強まるため、写真に写るあなたの表情はきっと、イキイキと輝いているに違いありません。

そう、映画『ホリデイ』のヒロイン、アマンダのように――

ですから、スーツケースの中身は言わば、あなたの「舞台衣装」。荷物が重くなることなど気にしていてはヒロインにはなり切れません！　さあ、次の冬休みまでに、着たい服を選び取る勇気と体力、身に付けませんか？

ホリデイ

アマンダは、ＬＡで映画の予告編製作会社を経営するキャリアウーマン。浮気が発覚した恋人と別れ、クリスマスも一人で過ごすはめになりそうだった。そんな彼女は、気分をリフレッシュするため、２週間のクリスマス休暇の間、ロンドンの郊外に住むアイリスとホームエクスチェンジすることにした。美しい雪景色の中に佇む家で、アマンダは、アイリスの魅力的な兄と出会い、恋心を抱くが……。（2006年　キャメロン・ディアス as アマンダ）

「ベルト」を締めて「勇気スイッチ」ON！

こんなことを言ったら嫌われるかもしれない。

こんなことをしたら笑われるかもしれない。

本当は何も間違ってはいないのに、周囲の評価を恐れて勇気が出ない時ってありますよね。けれど、それでは何も始まりません。何か「勇気スイッチ」をONしてくれる物でもあれば良いのだけど…。この作品のヒロイン・スキーター（エマ・ストーン）の場合、主に腰に着ける「アレ」を利用していたようです。


「男子が私をブサイクと。ママは州の美人コンテストで3位だったのに。」

スキーターは、学校でいじめられると、言い返す勇気もなく、庭の片隅のベンチで一人しょんぼりするような少女でした。そんな彼女を絶えず力付けていたのは、生まれた頃から彼女を育てていた、聡明な黒人メイド・コンスタンティンでした。

「自分を憐れむのはおやめなさい。お嬢ちゃまは日々強く生きるんです。毎朝目が覚めたら心に誓いなさい。『私は信じるのか？　今日あのバカどもが私に向かって言う悪口を？』いいですね？　お嬢ちゃまは何か大きなことを成し遂げる方です。いつかきっと。」

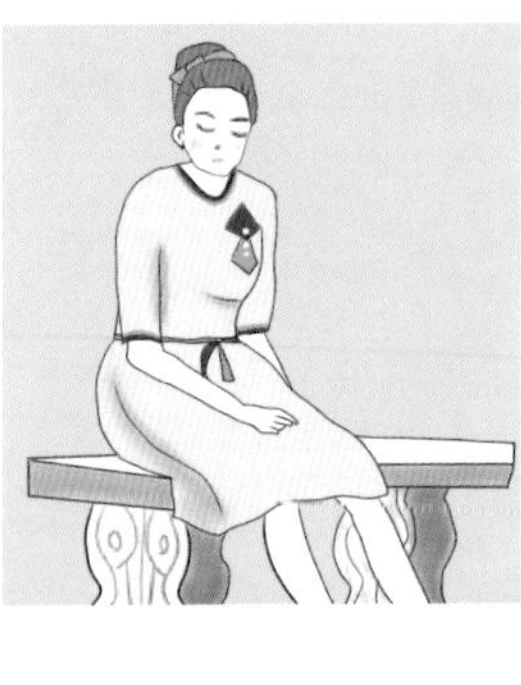

幼い頃のスキーター。
細いベルトを緩く着けていただけでした。

この言葉がスキーターを覚醒させました。高校卒業後、同級生達が結婚、出産する中、スキーターは一人大学に進学。そして、4年後に帰郷した彼女は、誰に対しても物怖じせず意見を述べる強い女性へと成長していました。

しかし、周囲の白人達は、家族や友人ですら、彼女が独身である事と反人種差別である事に、容赦なく冷ややかな態度を取りました。けれど、唯一の心の拠り所だったコンスタンティンは、もういません。まさに四面楚歌、さすがの彼女も逃げ帰るような状況です。しかし彼女は、白人達の集まりに毅然と出席し、新聞社でせっせと働きながら、黒人メイド達に熱心に取材を申し込み、本の出版に向けてその歩みを止めることはありませんでした。

こうした彼女の成長を支えた秘密兵器、それは「ベルト」でした。

幼い頃のスキーターは、服の付属品的な細い「ベルト」を緩く着けていただけでした。

一方、成人のスキーターは、色が濃く、太めの「ベルト」を腰の位置でしっかり締めています。

恋愛にほとんど興味がなく、夫を繋ぎ止める必要もない彼女には、「ベルト」をギュッと締めて腰のくびれをアピールする理由などないのに、何故

でしょう？

彼女が「ベルト」をしっかりと締めていた理由、それは、「ベルト」の持つ「着けた人に勇気を与える」という力を利用したかったから。

腰の「ベルト」をギュッと締める。たったそれだけのことなのにどうでしょう。自ずと背筋はスッと伸び、顔は真っ直ぐに正面を向き、足は力強く前に進み始めます。全身に力が漲ってくるのです。スキーターはこうした「ベルト」の力を利用して、幼い頃の弱い自分を体の奥に封じ込め、勇気を奮い立たせていました。だからこそ、周囲に屈すること無く、前に進み続けることが出来たのではないでしょうか。

いかがでしたか？

最近は、リラックススタイルが人気で、「ベルト」をする女子は少ない気がします。ですが、ここぞという時は、キリッと「ベルト」を締めてみませんか？

きっと、普段より少しだけ勇敢な自分に出会えるはずです。

ヘルプ～心がつなぐストーリー～

1960年代前半。ミシシッピ州の新聞社に就職したスキーターは、白人の黒人メイド（ヘルプ）に対する差別が行われている事に反感を持ち、黒人メイドの証言を集めて本を出版しようとする。しかし、白人の報復を恐れたメイド達は取材に応じてくれず…。

（2011年　エマ・ストーン as スキーター）

第3章 ファッションテクニックはシネマで

ONCE－ダブリンの街角で

「光」と「影」を味方に付けて

職場の先輩との仕事帰りのデートや、朝からデートを楽しんだ後のディナー。出来れば装いもメイクもチェンジして、昼間とは違う自分を見せたいけれど時間がない……。

そんな時は、「光」と「影」の力を借りてはいかがでしょう？

この作品では、ヒロイン（マルケタ・イルグロヴァ）の昼と夜が交互に描かれています。貧しさのせいか、彼女はいつも変わり映えのしない装いをしています。しかし、昼と夜では、まるで着替えたかのように服の色が変化しています。

―昼―開け放った窓から穏やかな自然光が差し込む部屋で、夢中になってミュージシャンの男から贈られたピアノを弾くヒロイン。真っ赤な総柄のスカートが、あどけなく可愛らしい印象です。そして、昼の明るい日差しに照らされた彼女は、その印象もまた明るく幸せそうです。

―夜―ぽつりぽつりと街灯がともる人影もまばらな通りでミュージシャンの男に話しかけるヒロイン。昼間、あれほど鮮やかに見えたスカートの

Night-time & Daytime

色が暗く沈んだえんじ色に変化してとても同じスカートには見えません。そして、彼女の印象も、昼間より落ち着いて見えます。

昼と夜で変化したのは服の色ばかりではありません。彼女の顔つきや体のラインも一変しました。

―昼―ミュージシャンの男に会いにダブリンの街を朗らかに歩くヒロイン。ヒロインの服装から察するに、この作品の季節設定は秋か冬と思われますが、こうした時期の日差しは弱く「影」が出来づらいため、顔つきも体つきも平坦に見え、幼い印象です。

―夜―蝋燭の灯と少しのランプだけが灯る部屋での深夜のホームパーティーで、ミュージシャンの男らの合奏に耳を傾けるヒロイン。揺らめく蝋燭の仄暗い光を受けて彼女の顔と体に濃い「影」が出来ます。すると、顔つきはたちまち静謐なものに変わり、昼間はまったく目立たなかった体の凹凸はくっきりと浮かび上がり、妖艶な雰囲気を醸し出します。

さらに、彼女の昼と夜の印象は、彼女自身の「光」と「影」と結びつい

Night-time & Daytime

て、形を変えます。

―昼―カフェの窓際の席に座り、ミュージシャンの男とランチをとるヒロイン。夢中になって食べる様子は元気一杯です。しかし、幼い頃に自殺した父親、手には道行く人に売って歩く雑誌、上質とは言い難い装い、ただ伸ばしているだけと思しき髪などから、彼女の中の「影」が透けて見えます。

―夜―ピアノ上の小さなスタンドが灯るだけのスタジオで、ミュージシャンの男に、別居中の夫への思いを込めた物悲しい曲を弾き語りするヒロイン。金属製のシェードに弾かれた硬く白い光に照らされ、昼間の生気を失ったように青白い彼女の顔が、暗闇の中に浮かび上がります。そして、その顔の約半分を暗い「影」が覆い尽くします。


こうした彼女の表情の変化は、それを見つめるミュージシャンの男の目に、あたかも彼女の中の「影」が姿を表したかのように見え、単に大人びて落ち着いて見えた彼女の印象に悲哀や憂いといった要素を加えたのではないでしょうか。

Night-time & Daytime

いかがでしたか？

このように、「光」と「影」によって見た目を変えれば、着替えなどしなくても、周囲が抱く印象は変化します。そして、相手が自分の「光」も「影」も知っている場合は、これらと関連しながら、さらにその印象は変化することでしょう。

デート前の洋服選びも大切ですが、行き先や時間に合わせ、「光」と「影」で自分をうまく伝える演出を考えてみるのも良いかもしれませんね。

ONCE－ダブリンの街角で

夫と離れ、母親と幼い娘とチェコからアイルランドのダブリンへ移住してきたある若い女性。楽器店でピアノを弾かせてもらうことを唯一の楽しみに、道行く人に花や雑誌を売って生計を立てていた。ある日彼女は、声をかけたストリートミュージシャンとバンド活動をすることになり……。

（2007年　マルケタ・イルグロヴァ as "女"）

グラン・ブルー

ルーズフィットで、ルーズウェイト！

気に入った服を見つけた時、最初にチェックするのは「サイズ」ですよね。普段Mサイズなら、まずそれを試着し、合わなければSかLを試して、ジャストフィットのものを探すと思います。しかし、Lしかなかった時、仕方なくそれを着てみたら、思いの外ゆったりして良い感じだったこと、ありませんか？　これが、この作品のヒロイン・ジョアンナ（ロザンナ・アークエット）も実践する「ルーズフィットでルーズウェイト（減量）法」です。

1、ルーズフィットで「体」を小さく見せる

デザインは少し大きめでシンプルにして、体のラインをほんのり浮き立たせるのがポイント！　ただし、ルーズフィットスタイルはもたついて見えるので、必ずどこかにアクセントを置いて、引き締めることが大切です。ジョアンナの場合、濃い色の腕時計をしたりセーターを腰に巻いたりしています。

メンズアイテムも、女性にとってルーズフィットにもってこいのアイテム。それが恋人の服ならさらにＧｏｏｄですね！　ジャックのセーターとハーフパンツを着たジョアンナもなんだかとても幸せそうでした。

お洒落上級者・ジョアンナは、スーツまでもルーズフィット！　もたつい

て見えないよう、腕まくりをしたり、濃い色のクラッチバッグを持ったり、襟の詰まっていないインナーを着たりしてスッキリ着こなしています。

2、ルーズフィットで「顔」を小さく見せる

メガネなど顔周りの小物を大きめにしたり、ルーズなヘアスタイルにすると、間違いなく小顔に！

いかがでしたか？

サイズアップした服や小物を買うのは、ちょっと勇気が必要ですよね。でも、服と肌の間がゆったりしていると、痩せて見えるだけではなく、着る人も周囲もなんだかゆったりした気持ちになれて良いですよね。

ですが、ゆったり気分でつい油断して、くれぐれも、ルーズウェイト効果以上にゲインウェイト（増量）しないよう御注意を！

グラン・ブルー

イタリアのシチリア島タオルミナ。ここで開催されるフリーダイビング競技会に３人の男女が集まった。一人は世界記録保持者のフリーダイバー・エンゾ。もう一人は、エンゾが一目を置く若きダイバー・ジャック。そして、もう一人は、以前出張先でジャックに一目惚れをし、ＮＹから彼を追ってきた保険調査員・ジョアンナだった…。

（1988年　ロザンナ・アークエット as ジョアンナ）

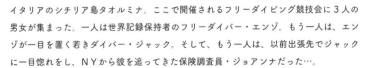

「コート」は魔法のマント

冬に大枚を叩いて新調するものと言えば「コート」。でも、コートの中の装いって、手を抜いてしまいがちですよね。けれど、この作品のヒロイン・ソフィー（ドリュー・バリモア）を見ていて、実はそれってもったいないことだなと思いました。

この映画でソフィーは、「**コートを着て登場→脱ぐ**」を繰り返します。

初めてアレックスの部屋を訪れたソフィー。カーキ色のミドル丈コートで登場です。全体のカラーコーディネートが良いですね。

その後、コートを脱ぐと、女性らしいワンピース姿に。ストールで隠されていた深いＶネックにアレックスも思わずドキリ！

2度目にアレックスの部屋を訪れたソフィー。前回と同じコートですが、コート、ブーツ、バッグ以外はチェンジしているため、全く違った印象です。コートの下から見えるショートパンツに、「今日はどんなコーディネートなんだろう?」と期待が膨らみます。

その後、コートを脱いで、シャツ×ベストのボーイッシュなスタイルに変身! 彼女は、コートを脱いだ後も、決して期待を裏切りません。

この日はアレックスとカフェへ。コート、ブーツ、バッグは前回と同じですが、チェンジしたストールと少し見えるスカートがまたもや期待を高ぶらせます。その後、コートを脱ぐと、可愛らしいワンピース姿に。大ぶりな蝶々のペンダントがよく合っています。

アレックスと姉夫婦宅へ。この日は、同じカーキ色でも、ミリタリージャケットを羽織って登場。その後、ジャケットを脱ぐと、前回と同じベストを着ていますが、シャツ、ストール、それにヘアスタイルをチェンジしているので、また違った印象です。ソフィーは着回し上手でもありますね。

極めつけは、パーティーでのソフィー。大きな花柄の華やかなコートを羽織って登場です。この日はストールをしていないため、胸元からシースルーのセクシーなトップスが覗いています。コートを脱いだら一体どんな装いなのでしょう！　その後、コートを脱ぐと、想像以上に大胆に変身です！　スパンコール素材なのか、スカート部分もキラキラとゴージャス！

いかがでしたか？

もうお気付きですね。そう、コートは、中の装いを想像してワクワクさせ、コートを脱いだ時とのギャップを鮮やかに演出する「魔法のマント」なのでした！

もちろん、コートが「魔法のマント」になるためには、コート姿そのものも重要ですが、中の装いもバッチリ決めて、どんどん周囲に素敵な魔法をかけてみませんか？

ラブソングができるまで

舞台はＮＹ。すっかり落ちぶれた元・超人気バンドのボーカル・アレックス。そんな彼に、有名歌手から、２週間でラブソングを作って欲しいというビッグオファーが舞い込むが、作業は難航。ある日、彼のアパートの植物の世話係のアルバイト・ソフィーのふとした呟きから着想を得たアレックスは、彼女に、曲作りを一緒にして欲しいと必死で頼み込むが……。

（2007年　ドリュー・バリモア as ソフィー）

ビフォア・サンセット

洋服を着替えずに着替える方法？

つぶらだけれど印象的な目鼻立ち、白い陶器のようなすべらかな肌、触れたくなるような柔らかな髪、すらっと長い手足。この作品のヒロイン・セリーヌを演じるジュリー・デルピーは、こうしたフランス人女性特有の美しさを全て備えた女優さん。そんな彼女ですから、当然何を着ても似合うのですが、残念ながら、9年前にジェシーと出会った時も再会した時も、物語の設定上、洋服を着替えることが出来ませんでした。

しかし、彼女は、いとも簡単に「着替えて」見せたのです。

それは、「上着を脱ぐ」、「髪型を変える」という行為です。

上／まずは9年前の回想シーンでのセリーヌ。ジェシーと出会った時は、ロングヘアにTシャツとワンピースの重ね着スタイルで、女性らしい印象。左上／しばらくすると、Tシャツを脱いで髪を三つ編みに。あどけなさが顔を覗かせ、ジェシーをドギマギさせます。左下／別れ際、再びおろした髪の合間から、去っていく彼女のあらわになった背中が、ジェシーの目に強く焼きつきます。

右／そして、再会時の彼女。ポニーテールに、ジャケットとジーンズというカジュアルな装い。しかし、足元は、サンダルで素肌を見せて、ちょっぴり艶っぽく。左／その後、2人はカフェに立ち寄り、セリーヌの部屋へ。この間、彼女は、ジェシーの前で髪をおろし、上着を脱いで、シースルーのキャミソール姿に。背中も大胆に開いていてびっくりです！

「着回し」術は多くの雑誌などで特集されていますが、彼女の「着替え」術、本当に勉強になりました。

こんな風にさらっと雰囲気を変えて、気になる男性とのデートで反応を楽しんでみたいですね。

お試しあれ！

ビフォア・サンセット

9年前、ふとしたことで出会い、翌朝までのわずかな時間、ウィーンの街を歩き回って過ごしたジェシーとセリーヌ。その印象的な思い出を胸に、仕事でパリを訪れたジェシーは、またしても偶然セリーヌと出会う。しかし、2人には、ジェシーが旅立つ夕暮れまでのわずかな時間しか残されておらず……。

（2004年　ジュリー・デルピー as セリーヌ）

「ダークレッド」の魅力

秋になると、それまで活躍していた明るい「赤」が息を潜め、「ある赤」が頭角を現し始めます。

それは、ボルドー、バーガンディー、えんじ色、レンガ色といった「ダークレッド」です。熟成したまろやかな赤ワインや暖炉の炎を彷彿とさせる深みのある色合いは寒い季節にぴったり！

この作品のヒロイン達もかなりお気に入りのようでした。

「ダークレッド」の魅力

(1) 明るい「赤」ですと、クリスマスやスキーウェアを連想させ、子供っぽく浮き足立った印象になるニットやチェックシャツも、「ダークレッド」なら落ち着きのある大人っぽい印象になります。
(2) 茶や黒や紫など、「ダークレッド」には「赤」以外の色の要素が含まれているからでしょうか。明るい「赤」よりも多くの色と組み合わせやすいので、様々なコーディネートが楽しめます。
(3) マフラーなどの小物類を「ダークレッド」にすれば、秋冬に多い濃い色のコーディネートにおいて、明るい「赤」ほど目立つことなく上品なアクセ

ントになります。

(4) ややあからさまな印象の明るい「赤」と違い、「ダークレッド」からは、内に秘めた知性や女らしさ、情熱が感じられます。この作品のジュディとレインのように、秘めた恋心を抱く知的な女性にピッタリの色かもしれません。

いかがでしたか？

このように魅力的な「ダークレッド」。秋冬限定だからこそ、アウターから小物までとことん楽しみたいですね。

ただし、秘めた恋を秋冬限定にするかは……お任せいたします！

夫たち、妻たち

大学教授のゲイブとマンハッタンに暮らすジュディは、子供を持とうとしない夫に不満を抱いていた。ある日、親友に同僚の男性を紹介したジュディは、自分が彼を愛していることに気付く。一方、ゲイブは、優秀な教え子・レインの魅力に引き込まれて……。

（1992年　ミア・ファロー as ジュディ、ジュリエット・ルイス as レイン）

モナリザ・スマイル

「色合わせ」の極意

冬が近づき、何枚も重ね着をするようになると、「色合わせ」に悩みますよね。大抵は、多くの色を使ってまとまりが付かなくなるのを恐れ、ベーシックカラーを2、3色チョイスしたり、柄物は控えたりして、無難にまとめがち。けれど、内心、単調なコーディネートに物足りなさを感じるのも事実。

その点、この作品のヒロイン・キャサリン（ジュリア・ロバーツ）による「色合わせ」は見事でした。

柄物の服を着たら、柄の中の色を全身に上手く散りばめてコーディネート。このルールに則れば、柄物も臆せず着られそうですね。

そして、時には、柄物×柄物のコーディネートも出来てしまいます！

ベルト、イヤリング、ネックレス、ブレスレット、スカーフ、マフラー、帽子……彼女の「色合わせ」は、どんなにアイテムが増えても小物に至るまで完璧です。時には、髪の色とも「色合わせ」！

いかがでしたか？

装いを決める行為は、一枚の絵を描く事に似ています。なぜなら、装う人をキャンバスに見立て、「色合わせ」を考えながら服や小物を選び取り、絵の具をのせるようにして身に着けていくからです。

そして、その絵を美しく描くために必要不可欠なのが「色彩感覚」。多くの色を認知し、自在に使いこなす能力です。

「色彩感覚」は、絵画や風景など、たくさんの色彩を目にするうち、それらに触発され、次第に研ぎ澄まされていくと言われますが、この点、美術に精通するキャサリンは、かなり高度な「色彩感覚」の持ち主だったと言えるでしょう。

そのため、彼女の装いには、ベーシックカラー以外にも数多く色が登場しますし、様々な色が混在していても、あたかも一枚の美しい絵のように、見事に調和しているのです。

さあ、「自分」という絵をより美しく描くために、まずは美術館へ「色彩感覚」を磨きに出掛けてみませんか？

モナリザ・スマイル

1953年秋、恋人のいるカリフォルニアを離れ、憧れの名門ウェルズリー大学に美術史の助教授としてやって来たキャサリン。リベラル志向で個性的な考えを持つ彼女は、米国一保守的と言われる教師や生徒達から反発に合う。傷つきながらも、自分なりの変化をもたらしたいという思いに燃える彼女は、唯一、イタリア語教師・ビルには心を開けたのだが……。

（2003年　ジュリア・ロバーツ as キャサリン）

アニー・ホール

「着崩し」の極意

あらゆるファッションアイテムには「本来あるべき装い方」が存在します。例えば、「マフラーは屋外で防寒のためコートの襟元に巻く」、「ベストはバーテンダーや礼装の男性がほぼ無地のシャツにボタンを閉めて着る」、「ネクタイは男性が職場で主にスーツ、ほぼ無地のシャツに付ける」といった感じです。

一方、これを壊す装い方が「着崩し」。

一般に、服を着崩すと、だらしない、奇異であるなどと非難されがちですよね。けれど、この作品のヒロイン・アニー(ダイアン・キートン)の「着崩し」は、一転して、アニー・ホール・ルックとして一世を風靡し、賞賛を浴びました。

それは一体何故でしょう?

マフラー

赤のチェック柄が女の子らしくキュートです。ベストもツイード調で、マフラーの質感とバランスが良いため、室内でも全く違和感がありません。

マフラー

本来の装い方	アニーの場合
屋外	室内
防寒	アクセント
コートの襟元	シャツの襟元
巻く	巻かずに垂らす

ベスト

ベストは、装いが一気に男性的になるので、女性は敬遠しがちですよね。しかし、アニーの場合、水玉のシフォンスカーフや花柄のシフォンシャツ、ゆるやかなロングヘアといった女性らしさを随所に散りばめているので、違和感がなく、むしろ個性的で素敵です。

ベスト

本来の装い方	アニーの場合
バーテンダーなどの職業	歌手志望
礼装の男性	普段着の女性
ほぼ無地のシャツに蝶ネクタイ	柄シャツや柄スカーフ
ボタンを閉める	全開または一番上のボタンだけ閉める

ネクタイ

一見男性スタイルそのままですが、ロングヘアと柄シャツを合わせ、女性らしさを漂わせています。前述のベストの着崩しテク（ボタン外し）も相まってさらに上級な着崩しファッションに！

ネクタイ	
本来の装い方	**アニーの場合**
男性	女性
仕事中	プライベート
スーツ	バギーパンツ
ほぼ無地のシャツ	柄シャツの場合も

いかがでしたか？

アニーの装いは、着崩しているだけに抜け感があり、どれもさりげない感じですが、実は、だらしなくならずお洒落に見えるよう、知恵を絞った結果と思われます。つまり、上手に着崩すには「知性」が必要なのです。

と同時に、非難される事も多い「着崩し」には「勇気」も必要。しかも、単なる女性の装いではなく、男性の装いの「着崩し」には相当な「知性」と「勇気」を要します。このようなことから、人は、アニー・ホール・ルックを尊敬し、支持するのでしょう。

ファッションに必要なのは、知性と少しの勇気。改めて肝に銘じたいと思います。

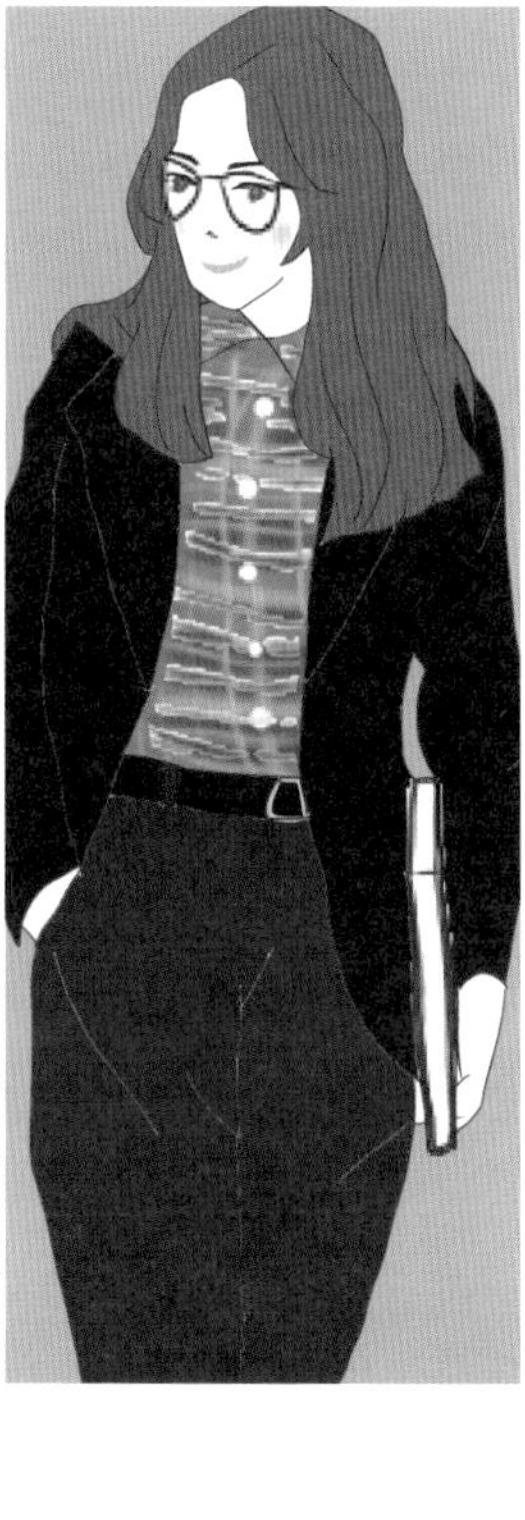

アニー・ホール

舞台はＮＹ。40歳バツイチのコメディアン・アルビーは、友人を介して、明るい歌手志望のアニーと出会う。二人は意気投合して同棲を始めるが、けんかしては仲直りの繰り返し。遂にアニーはＬＡの別の男性の元へ引っ越してしまう。彼女に未練があるアルビーはアニーに復縁を迫るが……。　（1977年　ダイアン・キートン as アニー）

「色味」探しの旅へ

あなたには、着てみたいけれど苦手意識のある服の色ってありませんか？たとえば「緑」。「緑」は、ピーターパンや七人の小人などのキャラクターイメージも強く、ベーシックカラーほど着こなしも容易ではありませんから、つい敬遠しがち。けれど、克服出来たら、新しい自分に出会えたようで嬉しいはず！克服のカギは、この作品のヒロイン・エステラ（グウィネス・パルトロウ）の装いにあります。

監督の好きな色、という説が有力のようですが、エステラの装いはなんと、全編通してほぼ「緑」！

鮮やかなグリーンのストラップドレスを着てフィンと踊るエステラ。ミニ丈で、可憐な妖精のよう。

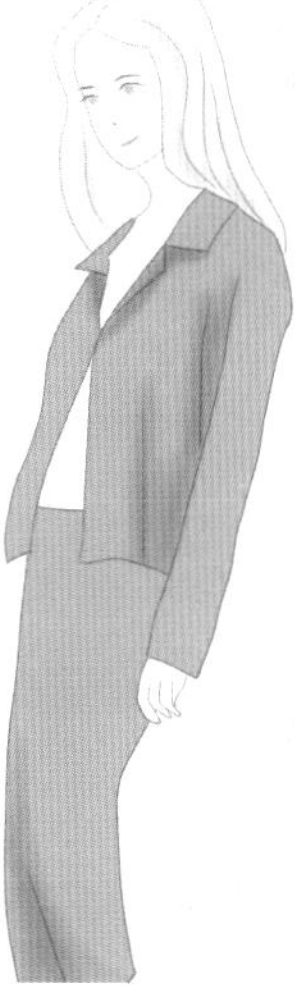

淡いグリーンのシフォンワンピースでフィンの部屋を訪れたエステラ。その愛らしい装いとは裏腹な行動でフィンを翻弄します。

明るいグリーンの個性的なセットアップでフィンと再会したエステラ。ＮＹの街の緑に溶け込んで、風にそよぐ一本の樹木のようです。

モスグリーンのトップスで友人と語らうエステラ。渋めの色で知的な雰囲気に。ハイネック＆ノースリーブというデザインが、彼女の煙草を燻らす腕を一段とセクシーに魅せます。

いかがでしたか?

「緑」の克服のカギ、それは、「緑」が持つ無数の「色味」。その「色味」に、デザイン、柄、生地といった要素が相まって、「緑」の衣服の種類は無限に広がっていきます。

そしてこれは、「緑」以外の全ての色に言えること。ですから、自分には似合わない色と思っても、その「色味」を変えれば、似合う服、いえ、それどころか、とびきりの一枚に出会えるかもしれません。

さあ、そうと決まれば、苦手色の海へ、「色味」という名の宝探しの旅に繰り出しましょう!

大いなる遺産

10歳のフィンは、ミステリアスなミス・ハヴィシャムの館に定期的に招かれるようになり、美しいが冷酷な養女・エステラに出会う。互いに惹かれ合いながら成長した2人だったが、ある日突然、エステラがヨーロッパに旅立ってしまう。7年後、失意のうちに、画家になるべくＮＹへ赴いたフィンの前にエステラが現れて……。

（1998年　グヴィネス・パルトロウ as エステラ）

第4章 My ファッションはシネマで

はじまりのうた

一に○○、二にファッション？ グレタ流「エフォートレス・スタイル」

最近流行のエフォートレス・スタイル(effortless style)。「努力を必要としない・無理のない」といった意味から、作りこみ過ぎない、程よく肩の力が抜けた装いを指します。

エフォートレス・スタイルには、

・ワイドパンツやエアリーシャツで、ゆるいシルエットを作る
・首元、手首、足首を見せて、コーディネートに抜け感を出す
・ヘアメイクをナチュラルにする
・ベーシックスタイルを少し崩す

といった、いくつかの法則があります。

しかし、特定のスタイルがなく、ともすると単にだらしのない普段着のようになってしまうため、女子の間では、エフォートレス・スタイルを装うことにエフォートを注がねばならない、という矛盾が生じています。

もっと無理なく素敵にエフォートレス・スタイルを装う方法はないのでしょうか？

その答えは、この作品に登場するエフォートレス・ファッショニスタのヒロイン・グレタ（キーラ・ナイトレイ）の装いにありました。

君は美人だし、絶対ヒットする。

顔が関係ある？……音楽に大事なのは耳よ。目じゃないわ。

……でも、その男の子みたいな格好、時代遅れだ。

そう？

音楽活動中のグレタ

音楽活動中のグレタは、常にシンプル且つマニッシュなパンツスタイル。ヘアメイクも至ってナチュラルです。彼女にとって大切な事——それは、自分の音楽を聞いて、その良し悪しを判断してもらうこと。そのため、着飾ったり、過剰に女らしく装うことはありません。しかし、単にラフな装いをして楽曲の良さを壊さないよう、彼女なりの配慮をしています。

例えば、「Coming Up Roses」を歌うグレタ。淡いバラ色のトップスは歌詞に、ワイドパンツにサンダルというラフな装いは少しぶっきらぼうなロック調の曲に、それぞれマッチしています。ギターを弾く時は、最も腕が動かし易いノースリーブが彼女の定番です。

ノリの良い曲を歌う時は、シックな色調でクールに。ポケットに手を突っ込み、ギターソロに合わせてリズムを取る姿も決まっています。

NYの地下鉄のホームでゲリラレコーディングをするグレタ。ハイウエストパンツにクロップド丈のトップスを合わせたコンパクトなコーディネート。そして、足元はメンズライクなレースアップシューズ。シンプルな装いながらトレンドを取り入れていてファッショナブルです。

俺が景気が悪くて勝手に家を出たと思ってるんだろ？

違うわ。ただ、悩んでも生活を壊さないで

プライベートのグレタ

プライベートのグレタは、音楽活動中とは異なり、スカートを履くこともあります。しかし、彼女にとって大切な事――それは、外見ではなく内面で繋がる人間関係を築くこと。そのためやはり、着飾ったり、過剰に女らしく装うことはありませんが、単にラフな装いをして自分の内面を貶めないよう、彼女なりの配慮をしています。

例えば、デイブと共に、彼が契約したレコード会社を訪れたグレタ。清楚なワンピースで、スタッフの好印象をゲット！

ダンとレコーディング会場の下見に出掛けたグレタ。そして、別れたデイブに会いに行ったグレタ。男性と2人で会う時のグレタのドレスコードは、「レッドワンピース」。音楽活動中にはまず着ない、少々挑発的な組み合わせです。しかし、愛らしい柄で、ボディコンシャスでもなく、肌の露出も少ないデザインなので、いずれもキュートな印象です。そして、いずれもワンピース以外は普段通り、ヘアメイクはナチュラル、ノーアクセサリー、素足にサンダルのため、全体としてはあくまでエフォートレス・スタイルです。

……自分を裏切った男を今も想い続けてるからって君が偉いか？

私は彼との関係を築いてきたの。つまずいても逃げないわ。

いかがでしたか?

グレタの装いに隠されていたエフォートレス・スタイルを装う方法、それは、「内面にエフォートを傾けていれば、自ずと装いはエフォートレス・スタイルになる」ということ。

そして、ファッションが二の次だからといって単にラフな装いをするのではなく、「TPO、トレンド、配色を意識して少し軌道修正をすれば、洒落たエフォートレス・スタイルは完成する」ということです。

外見も上辺の付合いもさほど興味がないから、ファッションに時間もお金も労力も掛けていない……だけどステキ!

そんなグレタ流エフォートレス・スタイル、目指したいものです。

はじまりのうた

共作の歌で一躍スターになった恋人・デイブと、NYへやって来た大学生・グレタ。その矢先、デイブの浮気が発覚。失意の彼女は、友人の勧めで、バーで一曲披露したところ、音楽プロデューサーを名乗る怪しい男・ダンに、一緒にアルバムを作ろうと声を掛けられ……。

(2013年　キーラ・ナイトレイ as グレタ)

ユー・ガット・メール

目指したい！
ＮＹ女子のシンプルスタイル

文句なしに私のナンバーワン作品といえば、この映画！ 登場するカフェはどこも洒落ていて、ヒロインが暮らすアパートは外国のインテリア雑誌の誌面そのものでセンス抜群……その魅力を語り出したら切りがありません。もちろん、四季折々に美しいＮＹの街並みと共に、ヒロイン・キャスリーン（メグ・ライアン）のファッションも楽しめます。

WINTER

冬。一見、何の変哲もない装いですが、コートとスカート丈のバランスが絶妙！全体にタイトなシルエットもニューヨーカーらしくスタイリッシュです。

SPRING

春。季節は変われども彼女のシンプル志向は貫かれます。薄手のカーディガンにワンピース、素足にスリッポン。こんな風に、飾らないスタイルで好きな人に会いに行くのって憧れますよね。その後のデートも身軽に楽しめそうです。

AUTUMN

秋。ベストから白襟を出し、タイトスカートできりっと立ち働くキャスリーン。スクールガール風ながら幼くならないのは、シックな色調を重ねているからでしょう。

Tシャツにカーディガンを羽織り、ゆったりしたチノパンにスニーカー。暖かな気候に誘われて、途中、ベンチで林檎をかじったり、ホットドッグを頬ばったりしながら晴れた休日のマンハッタンを散歩する。そんな日にぴったりの装いでした。

いかがでしたか？
そういえばキャスリーンは、全編を通して、ほとんどアクセサリーを付けていませんでした。しかし、そのチャーミングな人柄と真摯な生き方が彼女に輝きを与えていました。こんな女性、目指したいものです。

ユー・ガット・メール

キャスリーンは30代シングル。ＮＹの片隅で、最愛の亡き母から引き継いだ絵本の店を経営している。馴れ合いの恋人と同棲中だが、インターネットでメールをやり取りする見ず知らずの男性に心惹かれている。ある日、彼女の店の近くに大型書店が出来ることになり、その経営者・ジョーと知り合うが……。（1998年　メグ・ライアン as キャスリーン）

ブロークン・イングリッシュ

ファッションは気分を映す鏡

年下男子に恋をすると、若作りしたり、セクシーにし過ぎたり……自分のファッションスタイルを見失いがちですよね。

しかも、この作品のジュリアン、本当にカッコいいんです！

でも、ヒロイン・ノラ（パーカー・ポージー）は違います。彼女のファッションの基準は、あくまで「その時の自分の気分」。

女友達とネイルサロンに行った時は、凹んだ気分を隠すように、大きなサングラスにヘアターバンというスタイル。

口うるさい母親とのランチ。ワンピースできちんと感を出しながらも、華やかなスカーフを頭に巻いて個性的に。母親に対する小さな「反抗心」の表れでしょうか。

友人のホームパーティーに出掛けた彼女。この日の彼女の気分はズバリ、「素敵な男性と出会いたい！」ふらっと訪れた風を装ってはいますが、彼女のドレスにはこの「気分」がしっかり乗り移っていて、結果、運命の相手・ジュリアンを引き寄せました。ヘアスタイルも50年代の女優のように決めて素敵です。

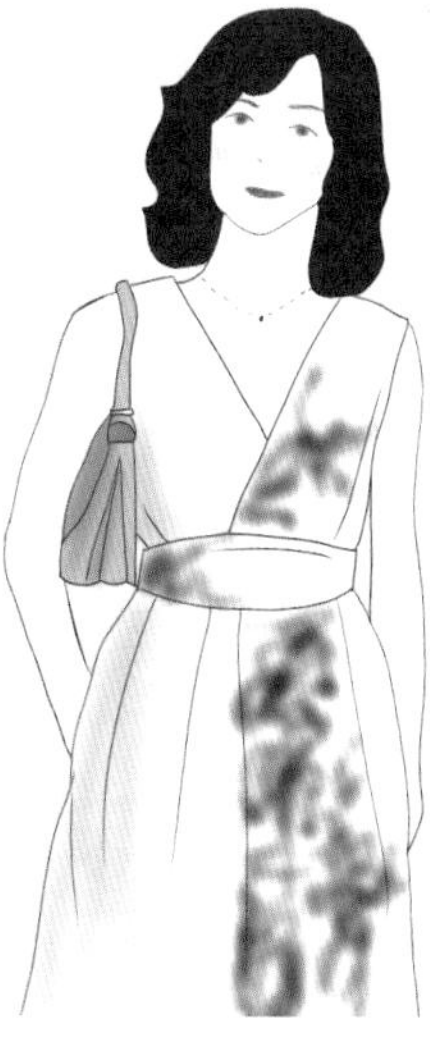

パリのカフェでの彼女。一方の肩を出し、もう一方の肩からはストールを垂らして。シンプルなワンピースを大人っぽく着崩しています。

パリのメトロでの彼女。胸元に少しあしらいのあるニットにゆったりしたパンツ。パリでの彼女にホワイトの装いが多いのは、彼女のピュアな恋心の表れでしょうか。それとも、ジュリアンに見つけてもらいたい心の表れでしょうか。

いかがでしたか？

こんなにお洒落なノラも、気乗りしない仕事の時の装いは本当にイケていませんでした……。せっかく女性に生まれたのですから、ファッションを楽しめるよう、いつも気分上向きでいたいものですね！

ブロークン・イングリッシュ

ＮＹで、仕事も恋も何となくモヤモヤした日々を送る30代シングル・ノラ。そんな彼女は、ある日パーティーで、フランス人の年下イケメン・ジュリアンに出会う。片言の英語（Broken English）で猛アプローチを受けたノラは、戸惑いながらもジュリアンに惹かれていくが、突然彼はパリに帰ってしまって……。

（2007年　パーカー・ポージー as ノラ）

セックス・アンド・ザ・シティ

装いに「サプライズ」を！

シネマファッションを語る上で外せない映画と言えば、やはりこの作品。個性豊かなヒロイン4人のファッションの競演が存分に楽しめます。中でも、やはりキャリー（サラ・ジェシカ・パーカー）のファッションは、普段着であっても驚きに満ち溢れています。という訳で、彼女のファッションテーマはズバリ「サプライズ」！

憧れのVOGUE社を訪れたキャリー。ビジネスシーンということで、普通ならトートバッグやショルダーバッグを合わせがち。しかし、彼女のセレクトは、コンパクトな「クラッチバッグ」！

レストランを訪れたキャリー。冬のスカートスタイルに履くものと言えば、タイツ。ですが、キャリーのセレクトは「ハイソックス」！ 膝小僧を少し見せるだけで、スタイルが一気にガーリーになって可愛らしいですね。

親友たちとファッションショーにやって来たキャリー。冬の足元と言えば、黒のロングブーツが定番。ところが、キャリーのセレクトは「白のショートブーツ」！

いかがでしたか？

こういう服にはこういう靴、こういう時はこういうバッグなど、ファッションには暗黙のルールがたくさんあります。ですが、冠婚葬祭と制服を除けば、幸い日本には特段縛りもないのですから、この自由を謳歌しない手はありません。

億劫がらず、「こんな着こなしもあったのね！」という驚きを与えられる人を目指しませんか？

ラストシーンでのキャリー。真っ白のスーツには白い靴を選びがち。しかし、キャリーのセレクトは、目の覚めるような「ブルーのハイヒール」！ もちろん、彼女が溺愛するマノロ・ブラニクの作品です。

セックス・アンド・ザ・シティ

地元紙で、ニューヨーカーの恋愛事情を赤裸々に綴った「SEX and the CITY」を連載するコラムニスト・キャリーは、３人の親友とＮＹでのシングルライフを謳歌していた。そんな彼女も遂に、長年付き合ってきた魅力的な実業家「ミスター・ビッグ」と結婚することに。しかし、結婚式が近づくにつれ、ビッグの心が揺れ動き始めて……。

（2008年　サラ・ジェシカ・パーカー as キャリー）

大切にしたい！世代毎の魅力

思春期真っただ中の子供を持つ母親世代の女性。若くもなく老いてもいない、微妙な世代です。

それだけに、装い選びも彷徨ってしまいがち。例えば、家事や仕事に忙しく、独身時代に買った服をそのまま着たり、若い世代をターゲットにしたお店の服を娘さんと一緒に着たり……。けれどやはり、「世代毎の魅力」が感じられる装いが一番ですよね！という訳で、この作品のヒロイン・アンヌ（ソフィー・マルソー）の装いを、娘・ロル（クリスタ・テレ）と比較しながら見てみましょう。

ロル・スタイル

アウター　ショート丈のピーコートやジャンパー

トップス　地味色のＶネックニットの下にタンクトップ。胸元にはネックレス。

ボトムス　デニム時々ミニスカート。

アンヌ・スタイル

アウター　ロング丈のブラックコートでオトナの貫禄！ 襟元には明るい色のスカーフを巻いて、くすみがちな顔色にサヨナラ！

トップス　Vネックニットは、素肌にオフショルダー気味に着るのがオトナ！

ヘアスタイル&アクセサリー

ゆるいハーフアップも、大人の余裕を感じさせるヘアスタイル。耳には大ぶりのピアスでアクセントを。一般に、年を重ねるに連れ、似合うアクセサリーサイズは大きくなると言われますが、彼女のチョイスも絶妙なサイズ感です。

アンヌ・スタイル2

トップス　ニットも時にはビビットカラーでパッと弾けて！

ボトムス　カーゴパンツを投入して、ありきたりになりがちなパンツスタイルをチェンジ！「一癖アイテム」をプラスするのもオトナ女子の成せる技。
時には、フロントスリットのスカートで色っぽく攻めて。

プラスα　仕上げは、香水を左右の胸元にツープッシュ！ 纏う手付きも慣れたものです。

いかがでしたか？

女性には世代毎の美しさがあり、思春期の子を持つ母親世代にしか出せない美しさというものも存在します。それは、母性だったり、大人の余裕だったり、色気だったり、人それぞれでしょう。

その美しさを演出するために、年と共に装いを変化させることを怠ってはもったいないですよね。なにも服そのものを変える必要はありません。同じ服でも着こなしを変えれば良いのです。

さあ、これまで培った知識と経験で、今しか出せない魅力、出してみませんか？

LOL～愛のファンタジー～

舞台はフランス。3人の子を持つシングルマザー・アンヌは、お酒や煙草、恋愛など、大人の世界に好奇心一杯の高校生の長女・ローラ（愛称ロル）に人一倍手を焼いていた。そんなある日、魅力的な警察官・ルーカスからアプローチされて……。

（2008年　ソフィー・マルソー as アンヌ、クリスタ・テレ as ロル）

レンタネコ

「おひとりさま」女子のお出掛けファッション

最近、女子の間でも話題の「おひとりさま」。伴侶に先立たれるなど、致し方のない「おひとりさま」から、一人旅、一人カラオケ、一人焼肉等、敢えて一人で気兼ねなく好きな事をして楽しむ「おひとりさま」まで様々です。そんな「おひとりさま」女子のお出掛けファッションはと言うと、目立たないように地味な装いをする、淋しい女と思われないようセレブ風な装いをする、など、どこか周囲の目を意識したものになりがち。

「おひとり」なのだから、本当は、日頃出来ないような装いをしてみたいんだけどな……。そんな「おひとりさま」女子の背中を力強く押してくれるのが、この作品のヒロイン・サヨコ（市川実日子）です。

「うわ、また来たよ、ネコババア。こっわあ。やべえやべえ、逃げろ！」

サヨコは、筋金入りの「おひとりさま」。すれ違う子供たちに煙たがられながらも頑なにレンタネコ屋を続けています。組織に属さず、おばあちゃん子として長く古風に育ってきたからでしょうか。彼女の「おひとりさま」ファッションは天真爛漫な「柄×柄コーデ」。

ある時はドット×花柄で。

またある時はチェック × 花柄で。

またある時はレース × 花柄で。

同じ年頃の一般的女子とは、大分趣の異なる、非常に個性的な装いです。

そのため、お客は決まって彼女の暮らしぶりを心配します。

「そんなに暮らしに困ってるように見えます？」

「えぇ、まぁ。」

「大丈夫ですよ。私、他にも仕事してますから。」

普通の女子なら、ここで装いの見直しをするでしょう。しかし、サヨコはどこ吹く風。

再会した同級生にもこう言い放ちます。

「ちょっと、なんでそんなことすんの？ そんなことしたら、アリがかわいそうじゃん。」

「いや、だって、アリの穴見たら、普通埋めるでしょ。」

「いや、あんたの普通はみんなの普通ではないの。そんなことしたら、帰る場所がなくなっちゃうでしょ。」

私の「普通」はみんなの「普通」とは違うかもしれない。でも、みんなの「普

通」が正しいとは限らない。だから、必ずしも、みんなの「普通」に合わせる必要はない。

　こうした考え方はサヨコの装いにも通じている気がします。すなわち、サヨコの装いは、彼女にとっては「普通」の装い。たまたま、お客にとって「普通」ではなかったというだけで、間違っている訳ではない。だから彼女は、その装いを変えようとはしなかったのではないでしょうか。


　さらにサヨコは言います。

「NYで有名だというドーナツは確かにおいしかった。でも、正直言うと、子供のころ、おばあちゃんが揚げてくれたドーナツの方が何倍もおいしいと思った。大きさはまちまちだったり、お砂糖のまぶし具合もものによって違っていたり……。でも、私にとっては誰が何と言おうと、おばあちゃんのドーナツの方がうまかった……。きっと誰かにとっての大切なものは、それがどんなものでも一番なんだと思う。」

　おかしいと思われても、理解されなくてもいい。自分にとって大切なものは誰が何と言おうとそれが一番。この考え方も彼女の装いに通じている気が

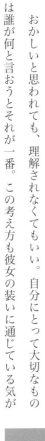

します。すなわち、他人はおかしいと思ったり、理解出来ないかもしれないけれど、私がいいと思う装いなら、誰が何と言おうとそれが一番。だからサヨコは、周囲に何と言われようと、自分の好きなように装い続けたのではないでしょうか。

いかがでしたか？

本来、ファッションの世界は、誰もが自由で平等な世界。ですから、学則やドレスコード等がある場合を除けば、私達には、自由に、自分が良いと思うスタイルを追求する権利があるのであって、周囲の考える「普通」や、周囲の評価に従う義務はないのです。とりわけ、特定の周囲を持たない「おひとりさま」なら、この権利を存分に行使しない手はありません。

けれど、どうしても周囲の目が気になりそうな時は、リズムに乗ってこう唱えてみて下さい。

みんなの「普通」は・気にしない！　何が・何でも・これを着る！

レンタネコ

祖母の仏壇を守りつつ、古い日本家屋で、たくさんの猫と暮らすサヨコ。昔から、人より猫に好かれるサヨコの当面の目標は「結婚」だが、待ち人が現れる気配はない。サヨコの職業は、寂しい人に自分の猫を貸し出すレンタネコ屋。毎日、飼い猫たちをリヤカーに乗せて歩き、声を掛けられたら、前金1000円で希望の猫をレンタルしているが……。

（2011年　市川実日子as サヨコ）

インテリア

「ミニマル・ルック」の光と影

沢山の服やアクセサリーで溢れかえる今日、女性が美しく装おうとする時に行うこと。それは、自分にどんどんアイテムをプラスしていく事だと思います。そんな中、「必要最小限」のアイテムしか身に着けていないのに、何故か素敵な女性って憧れますよね。この作品にも一人、そんな女性が登場していました。

この作品のヒロイン・イブ（ジェラルディン・ペイジ）の装いは、常に超シンプル。アクセサリーも付けなければ、華やかな色柄の服も着ません。しかしそれは、単なるシンプルファッションを超越した美しさを放っています。その理由は恐らく、彼女の服から感じられる並々ならぬ「こだわり」の存在でしょう。

例えば、見るからに上質な素材感や、繊細なカッティングから生み出されたであろう丸みを帯びたフォルム。ひねりのきいた襟や袖のデザイン等です。このような彼女の装いを一言で表すなら、それは「ミニマル・ルック」です。

「ミニマル・ルック」とは、60年代にアメリカの美術・建築等の分野で登場した「必要最小限」を目指す手法（ミニマリズム）が取り入れられたファッションのことです。「ミニマル・ルック」のデザイナーが重視し、必要とするのは、素材感やカッティングといった「服そのもの」に関するもの。デザイナーは、この「自身のこだわり」を際立たせるべく、それ以外の装飾等は「余計なもの」として徹底的に削ぎ落とし、デザイナーにとり「必要最小限」の装いを完成させるのです。

このため、「ミニマル・ルック」は、「服そのもの」だけで勝負出来るので、アクセサリー等をプラスせずとも、すっきりと素敵になれるという訳です。

しかし、斯様《かよう》に完璧に見える「ミニマル・ルック」にも欠点はあります。

第一に、女らしさが出しづらいことです。すなわち、リボンや花柄、アクセサリーといったものは、男性ファッションにはない女らしさの象徴と言えますが、「ミニマル・ルック」では、大体においてこうしたものが削ぎ落とされているからです。

第二に、人間味のない冷たい印象を与えがちです。す

なわち、装いの乱れや俗っぽさ、隙といったものは、人間らしさの表れと言えますが、「ミニマル・ルック」ではこうしたものも通常削ぎ落とされているからです。

そして、このような「ミニマル・ルック」は、まさにイブそのもの。彼女は、装いにしろインテリアにしろ、全てにおいて、自分の良しとするもの以外は「余計なもの」として削ぎ落とし、自分にとり「必要最小限」の完璧な世界を作り上げていました。しかしそれは、あくまで、彼女にとって完璧な世界であり、実際には、作品の中で「氷の宮殿」と例えられているように、女らしさや人間らしさが欠如した冷たいものでした。

これに拒否反応を示したのは、最愛の夫・アーサーでした。

「当分、私自身に戻りたい。そのために家を出る。今の私には必要だ。」

彼はそう言って、イブと真逆の女性を選びます。突如アーサーに去られたイブはこう言って嘆きます。

「もう生きがいもないわ。」

そうなのです。完璧主義者が求めるもの、それは、本

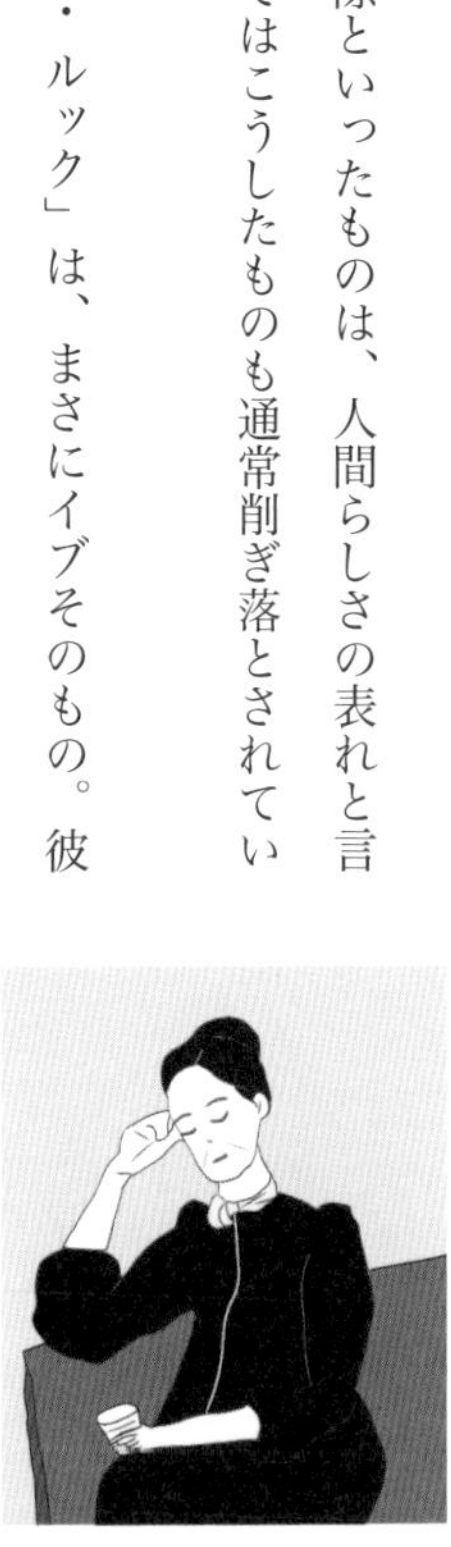

当に評価されたい人から高い評価を受けること。イブの場合、それは皮肉にも夫でした。長い間、夫から評価されようと完璧を目指し続けてきた彼女でしたが、まさかそれが裏目に出ようとは夢にも思わなかったでしょう。自分は完璧だから評価されて当然と思っていたからです。

そんなイブに次女は言い放ちます。

「ママは完全すぎるのよ、この世に生きるには。美しく完成され尽くした部屋。すべてに統制されたインテリア。感情が入り込む余地さえない。どこにも。私たちの誰にも。」

きっとイブは、完璧を目指すあまり、その過程で、知らず知らずのうちに、必要とすべき夫の意見までも削ぎ落としてしまっていたのではないでしょうか。

いかがでしたか?

「ミニマル・ルック」はたしかに素敵です。

しかし、ミニマルにするのは装いだけに留めておいた方が良さそうですね。

インテリア

実業家の夫・アーサーと裕福に暮らすインテリア・デザイナー・イブ。その高い美意識で、家のインテリアを整え、3人の娘達を育て、結婚30年を迎えた日、突然夫から別居の話を切り出される。ショックのあまり精神に異常を来し、自殺未遂に及んだイブだったが……。

(1978年　ジェラルディン・ペイジ as イブ)

美しい老婆は一日にして成らず

突然ですが、貴女はどんなおばあさまになりたいですか？

女子は、いつまでも美しくいたい、関心を持たれたい、と願うものですから、おばあさまになる事自体考えたくない、という方もいらっしゃるかもしれません。そんな方は、この作品をご覧になってみてはいかがでしょう？

この作品には2人のおばあさまが登場します。一人は建築家のソフィア、一人は元ピアニストで映画女優のハリエットです。


――ソフィア（ニナ・フォック）――


「あなたの作る建物は見るたびに感動します。うまく説明できないけど。どうせ僕なんかあなたの足元にも及びません。」

「わかるわよ。疎外感や自己嫌悪で焦る気持ち。私は建築家よ。この世の仕組みに敏感なの。」

審査に落選して落ち込むニックを慰めるソフィア。潔いショートヘアは白髪のまま。立て襟のシンプルなパンツスーツにストライプの靴下というマニッシュなイデタチが決まっています。耳には、パールピアスが一粒キラリ。

——ハリエット（アリス・ドラモンド）——

「私もずっと独りよ。誰にも申し込まれたことがなかったから。21の時、アービングと出会った。でも母に反対されたの。そして彼は他の人と結婚したわ。私は彼を愛し続けた。今も愛してる。」

独身であることを嘆くグウェンに、そう語るハリエット。華やかな花柄のシャツとロングネックレス。真っ白な髪と相まってパッと場の空気が明るくなる装いです。

「この曲は？」

「ラジオでかかってたの。初めてアービングとキスした時。」

編み物が苦手というグウェンを呼び寄せ優しく手ほどきしながら、部屋に流れるレコードの曲名を静かに答えるハリエット。シックなロングドレスは光沢のある素材のため、深みのある色ながら決して地味になっていません。

「バーベキューやるけど来ない？」
「ごめんなさい。約束があるの。
もうすぐリムジンが来るわ。」

アパートの隣人にそう言って、ゴージャスな装いに身を包み、足取り軽くリムジンで待つ老紳士の元へ。

「ラ・フォーテュナ」の改築に反対するため、他の住民と公聴会に参加したハリエット。女優業で身に付けた舞台度胸からでしょうか。いつも通りの華やかな装いで、少しも怖気づくことなく議員達に意見を述べます。

いかがでしたか？

年を重ねるにつれ、人柄や態度、装いにさえ現れ出るもの。それが「過去」です。「過去」は、華やかさ、知性、女らしさといった美しいものとして現れることもあれば、卑しさ、邪悪さといった醜いものであることもあります。しかし、仮に美しいものとして現れたとしても、「過去」が薄っぺらなものであれば、それは、表面的で、これ見よがしで、押し付けがましいものとなります。一方、「過去」が、その人によって懸命に紡がれた、かけがえのないものであれば、それは、誇り高く、崇高で、静かな輝きを放ち、周囲の人々を引き寄せ魅了します。

そう、ソフィアがニックを、ハリエットがグウェンを引き寄せたように……。

人間である以上、老いを避けては通れません。けれど、「今」を大切に積み重ねていけば、美しく老いること、老いてなお関心の的であり続けることは可能なのです。

まさに、美しい老婆は一日にして成らず！

肝に銘じて、今日から頑張って参りましょう。

あなたに逢えるその日まで…

両親の離婚で失意のグウェンは、歴史ある美しいアパート「ラ・フォーテュナ」に出会い、隣人・ハリエットらと楽しく暮らすようになる。一方、グウェンと同じ小学校に通っていたニックは建築家となり「ラ・フォーテュナ」の改築を任されるが、それが、尊敬する建築家・ソフィアの作品であることを知り…。

（1997年　ニナ・フォック as ソフィア、アリス・ドラモンド as ハリエット）

フライド・グリーン・トマト

TPO+B?

ファッションは、自分のためのものであると同時に、他者のためのものでもあります。それを表す最たる決まりごとが「TPO」。時（Time）、場所（Place）、場合（Occasion）に応じて、他者に配慮した服装を心がけることです。

ですが、私は、この作品のヒロイン達を見て、新たに一文字付け加えたくなりました。

それは、「Brightness」（明るさ、晴れやかさ、快活さ、輝き）の「B」です。

ニニー　クレオ・スレッドグッドの後家で82歳。「ニニー」と呼ばれてるわ。…お話できてとても楽しかったわ。…お名前は?

エブリン　エブリン・カウチです。じゃ、これで。

ニニー　また訪ねてきてね。

エブリン　いいわ。

この作品のヒロイン・エブリン（キャシー・ベイツ）は、自己嫌悪の渦中にいました。そんな時出会ったのが、いつも可愛い寝間着を身に付け、ハッ

ラッとした笑顔が眩しいニニー（ジェシカ・タンディ）でした。

エブリン　自分が情けなくて……だらしなく食べて、毎日我慢しようとして我慢できないの。どうしたらいいの？　もう若くなく、でもまだ年寄りではない。頭がヘンになりそう。

ニニー　心配ないわ。更年期の症状なのよ。ホルモン剤を幾つかのめばいいのよ！

人種差別や家庭内暴力……ニニーの昔話は、決して明るいばかりのものではありませんでした。

もしそのような話を暗い装いの老女が語ったとしたら、エブリンはその老女の元に通ったでしょうか？

答えは恐らくノーです。

年老いて老人ホームに入り、ほぼベッドで寝ているだけの生活だけれども、常に明るく装うことを欠かさないニニーだからこそ、エブリンは惹きつけられ、救われ、元気を貰ったのでしょう。

ニニーの影響でパワーが漲り始め、自分を馬鹿にした若い女性達を懲らしめたエブリン。元々前向きな性格のエブリンの装いは明るい方でしたが、ニニーと出会ったことで明るさを増し、なんだか収拾がつかない状態です。

エブリン　あんな事したのは初めて。でも胸がスーッとしたわ。本当はぶちのめしてやりたかった！

ニニー　ホルモン剤を幾つのんだの？

暗い上にセンスの悪い装いは、取りつく島がないのに対し、明るい装いは、センスが悪くても、なんとなく微笑ましいものです。また、装いが暗くなる一方だと、見ていて痛々しく心配になりますが、装いがどんどん明るくなるのは、ウキウキと幸せな気持ちになります。

エブリン　ハッピーバースデー！

ニニー　1週間楽しみにしてる面会日に寝るなんて……

エブリン　私も面会日が楽しみで。
ニニー　嬉しいわ！　グリーントマトのフライね。おいしいわ。……あなたは本当の娘のようだわ。

ニニーから元気を貰っていたエブリンも、次第に、ニニーに元気を与える存在になり、2人は、互いに明るさを与え合う関係を築きます。そして、そんな2人の関係を映すかのように、彼女たちの装いも明るいハーモニーを奏でています。

ニニー　主人のクレオと40年間一緒に暮らした家よ。それがなくなってしまった。83年生きて残ったのは……古いカードと写真だけ。どうすればいいのか。
エブリン　あなたは天からの贈り物よ。私はあなたのお陰で毎日生きる勇気が出るのよ。部屋も用意してあるのよ。行きましょう！
ニニー　気分が晴れたわ。人生で何が一番大切か、お陰で思い出したわ。友達よ。いい友達。

人生に辛いことは付きもの。

けれど、それを吹き飛ばす力は、明るい心持ちがなければなかなか湧いては来ません。そんな時威力を発揮するのが、周囲の励ましと笑顔と、ファッションです。明るい装いの人を見ると明るい気分になりますよね。わざと楽しい装いでセラピーを行う精神科医もいると聞きますが、それは、患者さんが100％笑顔になるからなのです。

「TPO」を守ることは勿論大切です。しかし、それだけでは装いまでもが「守り」に入りがち。そして、「守り」の装いは、とかく落ち着いて暗めなので、周囲は明るい心持ちになりにくいものです。ですから、ネイルだけ、バレッタだけでもいいので、いつも装いに「Brightness」を一匙！

そうすれば、あなたを見た誰かが明るい気分になって、明るい装いをし始め、その人を見た誰かがまた明るい装いになって……どんどん明るい世界が広がっていくに違いありません。

たかがファッション、されどファッション。

さあ、明日から、自分のためだけでなく、誰かのため、そして、明るい未来のために、「TPO＋B」コーディネートで参りましょう！

フライド・グリーン・トマト

40代の専業主婦・エブリンは、息子が自立して以降、自分に見向きもしなくなった夫に悩んでいた。そんなある日、彼女は叔母の面会で訪れた老人ホームで、明るい82歳の未亡人・ニニーと出会い、彼女が語る魅力的な昔話の数々を聞くうちに生きる力が湧いてきて……。

（1991年　キャシー・ベイツ as エブリン、ジェシカ・タンディ as ニニー）

番外編

ノッティングヒルの恋人（1999年）

ファッションチェックで人柄チェック

―告白されてもなかなか答えが出せない。この人と本当に結婚していいのだろうか―

理想の恋人や結婚相手と巡り会うのって本当に難しいですよね。その原因の一つは、「相手の人柄を見抜くことが難しい」という点。人柄は、人間関係を築く上でとても重要なもの。にもかかわらず、目に見えないだけに厄介ですよね。
けれど、実は見えるんです――その「言葉」と「装い」を通して。

ロンドンのノッティングヒルで潰れかけの書店を営むウィリアム（ヒュー・グラント）は、妻に駆け落ちされたバツイチ。ある日、彼の書店にハリウッドの超人気女優・アナ（ジュリア・ロバーツ）が来店する。彼女が店を出た後、彼は夢見心地のままジュースを買いに出掛けるが、偶然彼女にぶつかり、ジュースをかけてしまう。服を洗うよう自宅に彼女を招いたウィリアムだったが、彼女に突然キスをされて……。

大女優のアナは、長年アメリカの映画界に身を置き、ごく普通の生活から遠ざかっていたため、自分が次第にまともではなくなっていること、まともな人と関係を築けなくなっていることに危機感を抱いていました。

本当は、まともな人間になって、愛する人と家庭を築き、普通の生活を送りたい。

けれど、自分ではどうすることも出来ず、突っ走っていたのです。そんな彼女の前に現れたのが、ロンドンの片隅で書店を営む英国人男性・ウィリアムでした。

アナの服にこぼしたジュースを洗うため、自宅に招いた彼女に……

「あなたはとても……きれいだ。
言うチャンスは今だけ。
二度と店に来てくれないだろうし。」
「ありがとう。」
「こちらこそ。」

駆け出しの頃のヌード写真を流出され、
落ち込むアナに……

「考えちゃいけないよ。忘れるんだ。

……何がいいかな？お茶？お風呂？」

「お風呂がいいわ。」

マスコミに追われるアナをしばらく
自宅にかくまうことになり……

「セリフの相手をしようか？」

「ほんと？セリフだらけよ。」

「いいよ。貸して！」

ウィリアムの自宅にいることがばれて、再び
マスコミに追われることになり、彼を責める
アナに……
「私は永遠に後悔するわ。」
「そうか、わかった。
……でも僕はそうじゃない。
いい思い出にするよ。
君と過ごせてうれしかった。」

The way he dresses...

Williamの装い

①いつも大体同じ感じのスタイル

②ノーネクタイ

③シャツがズボンから
　ちょっと出ていたりする

④シャツのボタンを
　いつも少し外している

⑤ノーアクセサリー

⑥派手な色や柄のない
　トラッドスタイル

The way he is...

Williamの人柄

①誰に対しても同じ態度で接し、
　波がなく穏やか

②肩の力が抜けている

③年の割に可愛いところがある

④適度に隙がある

⑤真面目で気取りがない

⑥清潔感があり、紳士的

いかがでしたか？

「装いは着ている人を表す」と言いますが、まさに彼の装いは、そのまま彼の人柄を表していたのです。

そしてアナは、彼の言葉とその装いから、彼なら、自分を優しく諌め、なりたい自分に変えてくれると確信したのではないでしょうか。

女子がイキイキと輝くためには、まさに、「自分を優しく諌め、なりたい自分に変えてくれる」存在が不可欠。

なりたい自分をイメージ出来たら、意中の男性の装いチェック、してみましょう！

初…初級　中…中級　上…上級　i…音が出るペンiPen対応書籍

シャレード

中 i

パリを舞台に、夫の遺産を巡って繰り広げられるロマンチックなサスペンス。

1,400円（本体価格）
四六判変形228ページ
【978-4-89407-546-7】

オズの魔法使

初 i

ドロシーと愛犬トトはカンザスで竜巻に巻き込まれ、オズの国マンチキンに迷い込んでしまう。

1,400円（本体価格）
四六判変形168ページ
【978-4-89407-469-9】

アバウト・タイム

Pick Up!

中 i

父から譲り受けたタイムトラベルの能力を使ってティムは日々の失敗をやり直す。そして見つけた人生の秘訣とは。

1,600円（本体価格）
四六判変形208ページ
【978-4-89407-562-7】

紳士は金髪がお好き

中 i

ダイヤモンドのティアラを巡って起こる大騒動。マリリン・モンローのチャーミングな魅力が満載のミュージカルコメディ。

1,400円（本体価格）
四六判変形208ページ
【978-4-89407-538-2】

カサブランカ

中 i

第2次大戦中、モロッコの港町カサブランカでカフェを営むリックの元に昔の恋人イルザが現れる。時代に翻弄される2人の運命は…。

1,400円（本体価格）
四六判変形256ページ
【978-4-89407-604-4】

素晴らしき哉、人生!

中 i

クリスマス前日、資金繰りに窮し自殺を考えるジョージに、二級天使クラレンスは彼を助けようと…。

1,400円（本体価格）
四六判変形224ページ
【978-4-89407-497-2】

グレース・オブ・モナコ

中 i

世紀の結婚から6年、グレース・ケリーと夫、モナコ公国大公は、外交面と夫婦関係で問題を抱えていた。

1,600円（本体価格）
四六判変形176ページ
【978-4-89407-541-2】

雨に唄えば

初 i

サイレント映画からトーキー映画の移行期を描いたミュージカル映画の傑作!

1,400円（本体価格）
四六判変形168ページ
【978-4-89407-548-1】

食べて、祈って、恋をして

上 i

忙しい日々を送り、人生の意味を考え始めたリズが、夫と離婚して、自分探しの3カ国旅に出ることに。

1,600円（本体価格）
四六判変形192ページ
【978-4-89407-527-6】

幸せになるための27のドレス

中 i

花嫁付き添い人として奔走するジェーン。新聞記者のケビンは、取材先で出会った彼女をネタに記事を書こうと画策する。

1,600円（本体価格）
四六判変形200ページ
【978-4-89407-471-2】

英国王のスピーチ

中 i

幼い頃から吃音（きつおん）という発音障害に悩まされている英国王と一般人スピーチセラピストとの友情を描いた感動作。

1,600円（本体価格）
四六判変形168ページ
【978-4-89407-473-6】

出版物のご案内 — 最新情報はホームページをご覧ください

各種映画解説書

アメリカ映画の名セリフベスト100

アメリカ映画100周年を記念して選ばれたセリフのオールタイムベスト!映画ファンも納得の情報量でお届けします!

曽根田憲三・寶壺貴之 監修
A5判272ページ
1,600円(本体価格)
【978-4-89407-550-4】

オードリー at Home

息子が語る女優オードリー・ヘップバーンが愛したものすべて。家族ならではの思い出が詰まったレシピや写真も必見!
オードリー・ヘップバーンのファンにとって、また食べ物を愛する者にとっても、ぜひ手に取ってほしい愛情たっぷりの"おいしい"一冊をどうぞお召し上がりください。
ルカ・ドッティ 著
B5変形判264ページ
3,600円(本体価格)
【978-4-89407-590-0】

名作映画完全セリフ集スクリーンプレイ・シリーズ

プラダを着た悪魔

Pick Up!

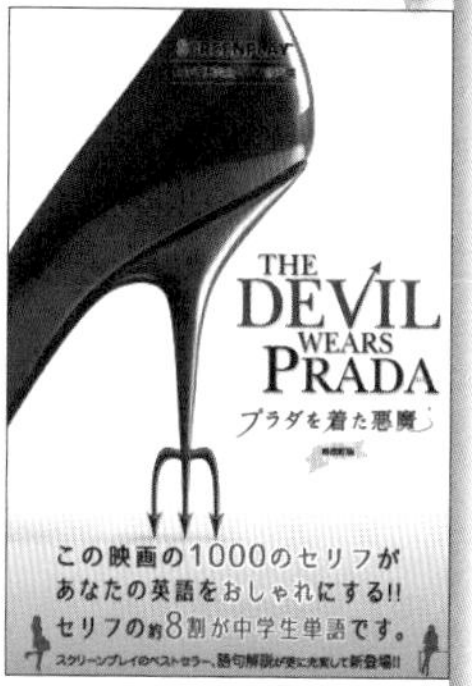

中 i

ジャーナリストを目指すアンディは、一流ファッション誌のカリスマ編集長ミランダのアシスタントになるが…。

1,600円(本体価格)
四六判変形200ページ
【978-4-89407-587-0】

ニュースの真相

上 i

二大オスカー俳優共演。「報道の在り方」を問う骨太作。ブッシュ大統領の軍歴詐称疑惑報道を巡る実話に基づく物語。

1,600円(本体価格)
四六判変形240ページ
【978-4-89407-594-8】

ノッティングヒルの恋人

中 i

ハリウッドの人気女優アナが恋におちたのは、英国で書店を営むウィリアム。住む世界が全く違う二人の恋は前途多難で…。

1,600円(本体価格)
四六判変形192ページ
【978-4-89407-570-2】

ラブ・アクチュアリー

中 i

人恋しくなるクリスマスの時期に、様々な関係の10組の人々から浮かび上がるそれぞれの「愛」のかたち。

1,600円(本体価格)
四六判変形200ページ
【978-4-89407-602-2】

バック・トゥ・ザ・フューチャー

初 i

高校生のマーティは30年前にタイム・スリップし、若き日の両親のキューピットに。人気SFストーリー。

1,600円(本体価格)
四六判変形168ページ
【978-4-89407-499-6】

ローマの休日

中 i

王女アンは、過密スケジュールに嫌気がさし、ローマ市街に抜け出す。A・ヘプバーン主演の名作。

1,400円(本体価格)
四六判変形200ページ
【978-4-89407-467-5】

モナリザ・スマイル

中

1953年、全米一保守的な学校に赴任したキャサリンは、学生たちに新しい時代の女性の生き方を問いかける。

1,200円(本体価格)
A5判200ページ
【978-4-89407-362-3】

著者紹介

松畑　由香子（まつはた　ゆかこ）
三重県生まれ。日本女子大学文学部英文学科卒業。
映画とファッションをこよなく愛する両親の影響で、幼少期より、自由時間の大半を映画とファッションに費やす。

ファッションは
シネマで

2021年3月16日初版第1刷

文・イラスト：松畑　由香子
編集者：小寺　巴／菰田　麻里／佐野　真弓
発行者：久保　鉄男
発売元：株式会社フォーイン　スクリーンプレイ事業部
〒464-0025　名古屋市千種区桜が丘 292
TEL : (052) 789-1255　FAX : (052) 789-1254
振替 : 00860-3-99759
https://www.screenplay.jp/
印刷・製本：株式会社チューエツ

Printed in Japan
ISBN978-4-89407-611-2